I0567537

BESTACTIVITYBOOKS.COM

PRIMA EDIZIONE 2022

Illustrazione Grafica Extra: www.freepik.com
Grazie a Alekksall, Starline, Pch.vector, Rawpixel.com, Vectorpocket, Dgim-studio, Upklyak, Macrovector, Stockgiu, Pikisuperstar & Freepik.com Designers

5 CONSIGLI PER INIZIARE

1) COME RISOLVERE LE PAROLE INTRECCIATTE

I puzzle hanno un formato classico:

- Le parole sono nascoste senza spazi o trattini,...
- Orientamento: Le parole possono essere scritte in avanti, indietro, verso l'alto, verso il basso o in diagonale (possono essere invertite).
- Le parole possono sovrapporsi o intersecarsi.

2) APPRENDIMENTO ATTIVO

Accanto ad ogni parola c'è uno spazio per scrivere la traduzione. Per incoraggiare l'apprendimento attivo, un **DIZIONARIO** alla fine di questa edizione vi permetterà di controllare e ampliare le vostre conoscenze. Cerca e scrivi le traduzioni, trovale nel puzzle e aggiungile al tuo vocabolario!

3) SEGNARE LE PAROLE

Puoi inventare il tuo sistema di segni. Forse ne usi già uno? Per esempio, puoi segnare le parole difficili da trovare con una croce, le parole preferite con una stella, le parole nuove con un triangolo, le parole rare con un diamante, e così via.

4) STRUTTURARE L'APPRENDIMENTO

Questa edizione offre un **TACCUINO** alla fine del libro. In vacanza, in viaggio o a casa, puoi organizzare facilmente le tue nuove conoscenze senza bisogno di un secondo quaderno!

5) AVETE FINITO TUTTE LE GRIGLIE?

Nelle ultime pagine di questo libro, nella sezione della **SFIDA FINALE**, troverete un gioco gratuito!

Facile e veloce! Dai un'occhiata alla nostra collezione di libri di attività per il tuo prossimo momento di divertimento e **apprendimento,** a portata di clic!

Trova la tua prossima sfida su:

BestActivityBooks.com/MioProssimoLibro

Ai vostri posti, pronti...Via!

Sapevi che ci sono circa 7.000 lingue diverse nel mondo? Le parole sono preziose.

Amiamo le lingue e abbiamo lavorato duramente per creare libri di altissima qualità. I nostri ingredienti?

Una selezione di argomenti adatti all'apprendimento, tre buone porzioni di intrattenimento, una cucchiaiata di parole difficili e una spolverata di parole rare. Li serviamo con amore e entusiasmo in modo che tu possa risolvere i migliori giochi di parole e divertirti imparando!

La vostra opinione è essenziale. Puoi partecipare attivamente al successo di questo libro lasciandoci un commento. Ci piacerebbe sapere cosa ti è piaciuto di più di questa edizione.

Ecco un link veloce alla pagina dell'ordine:

BestBooksActivity.com/Recensione50

Grazie per il vostro aiuto e buon divertimento!

Tutta la squadra

1 - Scacchi

I	H	N	H	P	S	K	E	U	P	L	N	S	L	I
Y	U	U	L	A	C	Ö	V	L	A	D	F	S	S	Z
J	B	S	M	S	H	N	C	H	A	M	P	I	O	N
K	L	U	G	S	W	I	S	P	I	E	L	E	R	E
D	E	P	W	I	A	G	X	R	G	I	Z	W	E	N
I	I	W	U	V	R	E	L	E	X	G	V	S	N	R
A	P	P	E	N	Z	R	Q	G	M	E	W	Q	G	E
G	S	U	H	T	K	V	I	E	X	T	Z	R	E	L
O	B	U	I	Q	T	T	K	L	Z	A	G	E	G	W
N	O	D	F	O	K	B	E	N	C	R	J	F	I	Z
A	C	Y	I	L	K	Z	E	Y	P	T	D	P	L	T
L	W	Y	F	K	W	H	H	W	W	S	E	O	V	W
G	N	A	V	I	H	Y	Z	R	E	I	N	R	U	T
K	Ö	N	I	G	I	N	Y	Y	K	R	X	U	Z	W
A	U	J	Z	S	J	P	R	S	E	F	B	R	Q	C

GEGNER
WEISS
CHAMPION
WETTBEWERB
DIAGONAL
SPIELER
SPIEL
KLUG
SCHWARZ
PASSIV
LERNEN
PUNKTE
KÖNIG
KÖNIGIN
REGELN
OPFER
STRATEGIE
ZEIT
TURNIER

2 - Salute e Benessere #2

G	T	F	T	G	Z	G	E	G	S	V	W	K	V	G
Y	R	E	P	R	Ö	K	E	Q	S	L	J	M	E	E
H	D	G	N	U	R	H	Ä	N	R	E	S	T	R	S
Q	F	V	R	E	U	U	V	O	E	T	Ä	I	D	U
X	U	R	F	A	R	V	N	I	A	T	K	E	A	N
T	G	S	T	D	M	G	O	T	L	U	I	H	U	D
M	A	S	S	A	G	E	I	K	L	L	A	K	U	K
A	P	P	E	T	I	T	A	E	E	B	N	N	N	A
H	Y	G	I	E	N	E	Z	F	R	A	A	A	G	L
G	E	W	I	C	H	T	M	N	G	Q	T	R	P	O
V	I	T	A	M	I	N	T	I	I	E	O	K	F	R
K	X	X	G	C	H	U	B	J	E	M	M	E	A	I
K	R	A	N	K	E	N	H	A	U	S	I	D	X	E
K	W	S	L	R	R	S	L	Q	Z	R	E	F	B	E
G	S	F	A	U	S	T	R	O	C	K	N	U	N	G

ALLERGIE
ANATOMIE
APPETIT
KALORIE
KÖRPER
DIÄT
VERDAUUNG
AUSTROCKNUNG
ENERGIE
GENETIK
HYGIENE
INFEKTION
KRANKHEIT
MASSAGE
ERNÄHRUNG
KRANKENHAUS
GEWICHT
BLUT
GESUND
VITAMIN

3 - Aggettivi #2

K	G	H	S	A	L	Z	I	G	P	W	V	E	L	I
R	E	T	E	L	C	G	F	K	R	I	M	M	B	N
E	S	X	Z	I	H	W	T	D	O	W	G	A	M	T
A	U	R	V	K	S	M	A	D	D	Y	S	U	H	E
T	N	M	P	B	S	S	P	T	U	J	Z	C	C	R
I	D	U	Y	K	Ü	Y	T	M	K	R	A	T	S	E
V	W	Z	Z	Q	S	D	K	M	T	X	Z	M	I	S
N	A	T	Ü	R	L	I	C	H	I	H	V	H	T	S
I	V	K	X	O	Q	N	V	I	V	U	E	Ü	A	A
E	O	S	Z	A	R	I	T	L	Y	N	L	R	M	N
R	D	O	V	L	Z	Y	P	G	X	G	E	E	A	T
N	P	F	U	N	O	R	M	A	L	R	G	B	R	D
N	E	K	C	O	R	T	M	L	G	I	A	N	D	X
S	T	U	K	X	X	C	S	M	W	G	N	X	Z	E
A	U	T	H	E	N	T	I	S	C	H	T	M	M	P

HUNGRIG
TROCKEN
AUTHENTISCH
HEISS
KREATIV
SÜSS
DRAMATISCH
ELEGANT
BERÜHMT
STARK
INTERESSANT
NATÜRLICH
NORMAL
NEU
STOLZ
PRODUKTIV
REIN
SALZIG
GESUND

4 - Pesca

A	K	A	G	E	J	E	E	C	W	S	K	E	I	I
U	Q	M	R	E	F	E	I	K	A	T	M	M	D	Y
S	S	E	E	Ü	W	O	S	V	S	R	P	X	V	G
R	N	S	O	B	F	I	K	S	S	A	S	P	W	Z
Ü	N	E	Y	E	Q	D	C	T	E	N	U	S	P	J
S	K	S	P	R	S	P	L	H	R	D	W	H	Z	D
T	O	H	C	T	B	Q	V	F	T	T	O	J	Y	R
U	R	N	Q	R	B	O	O	J	M	J	X	N	J	A
N	B	H	N	E	H	C	O	K	I	E	M	E	N	H
G	W	A	Y	I	B	O	U	T	F	L	U	S	S	T
H	S	K	G	B	D	K	K	Q	M	N	N	S	O	Q
C	S	E	L	U	Z	V	U	Ö	F	R	F	O	Z	V
M	S	N	R	N	N	D	L	U	D	E	G	L	E	J
A	J	G	W	G	Q	D	S	I	U	E	N	F	A	L
J	A	H	R	E	S	Z	E	I	T	O	R	Z	N	E

WASSER
AUSRÜSTUNG
BOOT
KIEMEN
KORB
KOCHEN
ÜBERTREIBUNG
KÖDER
DRAHT
FLUSS
HAKEN
SEE
KIEFER
OZEAN
GEDULD
GEWICHT
FLOSSEN
STRAND
JAHRESZEIT

5 - Ingegneria

L	B	R	B	T	I	E	K	G	I	S	S	Ü	L	F
R	E	S	S	E	M	H	C	R	U	D	T	D	E	B
W	O	C	P	Q	S	R	B	E	T	I	Ä	R	N	E
A	F	T	G	B	C	T	O	B	A	E	R	E	E	R
I	E	A	O	E	J	O	A	P	E	S	K	H	R	E
I	N	J	Z	M	G	O	Z	B	Y	E	E	U	G	C
N	I	P	G	O	E	L	V	Y	I	L	F	N	I	H
O	H	K	R	G	C	B	B	A	K	L	E	G	E	N
A	C	H	S	E	G	K	E	O	A	Y	I	B	L	U
L	S	L	N	S	N	P	R	I	W	I	T	T	V	N
K	A	E	E	Y	U	D	T	L	R	K	Z	H	Ä	G
Y	M	K	O	N	S	T	R	U	K	T	I	O	N	T
U	K	N	U	Y	S	Q	R	P	O	E	E	T	B	X
N	L	I	U	B	E	I	R	T	N	A	Z	G	W	Q
W	M	W	K	E	M	M	A	R	G	A	I	D	J	G

WINKEL
ACHSE
BERECHNUNG
KONSTRUKTION
DIAGRAMM
DURCHMESSER
DIESEL
ENERGIE
STÄRKE
GETRIEBE
FLÜSSIGKEIT
MASCHINE
MESSUNG
MOTOR
TIEFE
ANTRIEB
DREHUNG
STABILITÄT

6 - Archeologia

N	Ä	Q	A	Q	O	Q	M	P	A	M	T	G	U	Z
E	A	R	Q	D	F	P	X	K	N	A	E	E	N	I
H	U	C	A	C	Q	W	H	S	T	N	M	H	B	V
C	L	Z	H	T	C	E	T	Y	I	N	P	E	E	I
O	Y	E	T	K	E	J	B	O	Q	S	E	I	K	L
N	G	T	W	I	O	R	O	T	U	C	L	M	A	I
K	R	W	Q	L	L	M	F	M	I	H	R	N	N	S
R	J	A	A	E	A	U	M	M	T	A	A	I	N	A
P	Y	Q	W	R	F	T	H	E	Ä	F	N	S	T	T
P	R	O	F	E	S	S	O	R	T	T	A	F	Z	I
V	E	R	G	E	S	S	E	N	G	L	L	O	B	O
F	O	R	S	C	H	E	R	U	R	X	Y	S	L	N
U	R	A	L	T	A	X	C	C	A	M	S	S	G	V
E	N	U	S	T	R	C	V	D	B	Z	E	I	C	Z
O	H	H	Z	I	E	X	P	E	R	T	E	L	A	U

ANALYSE
ANTIQUITÄT
URALT
ZIVILISATION
VERGESSEN
NACHKOMME
ÄRA
EXPERTE
FOSSIL
GEHEIMNIS
OBJEKTE
KNOCHEN
PROFESSOR
RELIKT
FORSCHER
UNBEKANNT
MANNSCHAFT
TEMPEL
GRAB

7 - Salute e Benessere #1

H	M	Q	E	A	N	X	Z	S	L	C	X	N	A	G
M	A	A	A	R	O	E	N	O	M	R	O	H	P	D
P	O	L	W	Z	F	L	R	J	D	C	B	R	O	W
Y	Z	C	T	T	P	F	F	V	N	Q	E	W	T	F
H	A	U	T	U	S	E	O	H	E	E	H	Ö	H	E
B	O	C	R	M	N	R	X	F	T	N	A	M	E	N
W	C	V	U	R	L	G	T	Z	H	V	N	E	K	T
B	A	K	T	E	R	I	E	N	E	I	D	D	E	S
T	B	I	K	G	J	N	Q	K	R	R	L	I	M	P
A	O	N	A	N	M	H	R	M	A	U	U	Z	N	A
X	K	I	R	U	A	U	G	R	P	S	N	I	V	N
G	Q	L	F	H	A	O	S	A	I	L	G	N	U	N
Y	F	K	A	K	T	I	V	K	E	R	M	L	G	U
P	T	I	E	H	N	H	O	W	E	G	J	C	K	N
R	S	W	B	G	O	V	T	A	Y	L	Y	Q	B	G

GEWOHNHEIT
HÖHE
AKTIV
BAKTERIEN
KLINIK
HUNGER
APOTHEKE
FRAKTUR
MEDIZIN
ARZT
MUSKEL
NERVEN
HORMONE
HAUT
HALTUNG
REFLEX
ENTSPANNUNG
THERAPIE
BEHANDLUNG
VIRUS

8 - Aggettivi #1

A	H	C	S	I	T	N	E	D	I	W	W	V	A	R
B	C	C	I	W	W	E	Z	L	V	T	K	J	K	I
S	S	P	S	G	E	L	A	N	G	S	A	M	T	E
O	I	E	M	I	F	R	F	G	N	H	M	I	I	S
L	T	R	T	G	R	I	T	Q	A	P	Y	U	V	I
U	A	F	V	Ü	E	E	X	V	L	V	M	G	U	G
T	M	E	G	Z	W	P	L	J	O	S	R	C	E	X
R	O	K	Z	S	H	I	J	T	N	L	N	T	H	E
S	R	T	C	S	C	G	R	O	S	S	L	K	R	X
F	A	V	U	O	S	N	U	J	D	N	E	B	L	O
R	M	L	L	R	O	U	M	P	B	R	Ü	R	I	T
H	L	Z	M	G	Z	J	V	B	W	E	D	K	C	I
E	H	R	G	E	I	Z	I	G	Y	D	N	S	H	S
W	I	C	H	T	I	G	Q	J	Y	O	Q	F	N	C
D	Ü	N	N	T	B	A	O	L	Z	M	F	A	Y	H

EHRGEIZIG
AROMATISCH
KÜNSTLERISCH
ABSOLUT
AKTIV
RIESIG
EXOTISCH
GROSSZÜGIG
JUNG
GROSS
IDENTISCH
WICHTIG
LANGSAM
LANG
MODERN
EHRLICH
PERFEKT
SCHWER
WERTVOLL
DÜNN

9 - Geologia

X	P	L	W	Z	O	F	A	N	H	S	R	B	V	I
H	R	N	O	I	S	O	R	E	Q	T	Z	H	U	E
K	Ö	H	A	S	W	S	G	S	S	K	R	O	L	K
R	R	H	A	S	P	S	B	A	N	Ä	A	I	K	N
I	J	L	L	N	C	I	F	L	R	E	U	X	A	I
S	K	A	A	E	J	L	G	Z	Z	Z	Q	R	N	U
T	O	V	P	B	K	A	L	Z	I	U	M	G	E	A
A	R	A	N	E	I	L	A	R	E	N	I	M	C	E
L	A	I	G	B	S	K	O	N	T	I	N	E	N	T
L	L	Y	R	D	H	C	C	V	Y	O	C	N	A	A
E	L	A	D	R	Z	J	H	I	S	J	H	W	M	L
V	E	A	B	E	F	U	R	I	S	Y	E	G	X	P
S	T	A	L	A	K	T	I	T	C	S	T	E	I	N
A	S	T	B	I	J	R	Y	F	F	H	R	T	H	P
N	M	N	E	T	I	M	G	A	L	A	T	S	T	X

SÄURE
PLATEAU
KALZIUM
HÖHLE
KONTINENT
KORALLE
KRISTALLE
EROSION
FOSSIL
GEYSIR
LAVA
MINERALIEN
STEIN
QUARZ
SALZ
STALAGMITEN
STALAKTIT
SCHICHT
ERDBEBEN
VULKAN

10 - Campeggio

A	B	E	N	T	E	U	E	R	B	M	N	K	M	F
Y	C	T	I	H	U	T	L	E	Z	M	A	A	O	L
I	T	T	L	N	S	X	K	F	Y	M	T	N	N	L
B	V	A	F	I	S	B	L	I	E	S	U	U	D	J
U	D	M	J	G	S	E	J	V	C	U	R	V	N	H
C	W	E	T	R	A	K	K	C	M	P	E	B	I	K
D	Q	G	X	D	P	R	M	T	Y	S	E	R	I	Q
T	I	N	O	Y	S	Q	W	B	E	R	G	S	E	E
H	I	Ä	I	K	J	Z	Z	A	X	X	C	Q	D	P
D	A	H	P	A	A	K	J	Z	L	J	X	F	M	T
L	E	V	D	B	J	T	C	M	E	D	L	D	J	I
M	U	I	S	I	A	P	K	O	M	P	A	S	S	E
S	N	K	A	N	G	O	O	L	U	H	X	E	J	R
Q	K	P	T	E	D	I	K	B	Ä	X	L	Z	C	E
H	J	D	Q	E	A	E	E	Z	B	V	G	W	C	T

BÄUME
HÄNGEMATTE
TIERE
ABENTEUER
KOMPASS
KABINE
JAGD
KANU
HUT
SEIL
SPASS
WALD
FEUER
INSEKT
SEE
MOND
KARTE
BERG
NATUR
ZELT

11 - Arti Visive

S	P	K	C	A	L	D	A	S	Y	E	Y	X	K	T
T	E	E	W	A	X	K	U	U	H	L	I	N	O	N
A	R	R	A	R	M	L	I	F	T	O	N	O	A	T
F	S	A	C	C	E	L	H	O	K	Z	L	O	H	Ä
F	P	M	H	H	I	J	K	G	F	H	O	T	P	T
E	E	I	S	I	S	M	Ü	H	E	Z	C	B	Z	I
L	K	K	P	T	T	A	N	X	N	M	T	Y	N	V
E	T	I	U	E	E	S	S	K	O	P	Ä	T	B	I
I	I	A	Z	K	R	V	T	B	L	X	R	L	D	T
Z	V	C	V	T	W	S	L	X	B	I	T	K	D	A
Q	E	T	Z	U	E	G	E	H	A	H	R	R	G	E
H	H	M	F	R	R	V	R	P	H	S	O	E	F	R
S	C	Q	Z	I	K	D	F	Y	C	O	P	I	O	K
S	K	U	L	P	T	U	R	B	S	F	O	D	T	D
I	R	B	L	E	I	S	T	I	F	T	W	E	O	D

ARCHITEKTUR
TON
KÜNSTLER
MEISTERWERK
HOLZKOHLE
STAFFELEI
WACHS
KERAMIK
KREATIVITÄT
FILM
FOTO
KREIDE
BLEISTIFT
STIFT
GEMÄLDE
PERSPEKTIVE
PORTRÄT
SKULPTUR
SCHABLONE
LACK

12 - Tempo

K	A	L	E	N	D	E	R	J	T	D	V	O	R	U
N	D	W	Z	B	D	O	E	Ä	E	V	M	T	K	J
G	E	Y	K	D	F	T	N	H	E	Z	R	H	A	J
X	H	W	U	H	X	Y	L	R	H	U	D	G	D	I
G	E	S	T	E	R	N	W	L	N	S	J	Q	J	T
N	R	M	O	R	G	E	N	I	A	T	D	L	A	B
J	G	N	A	C	H	A	E	C	C	U	W	I	H	G
T	A	N	S	E	I	S	T	H	H	N	O	A	R	T
D	T	H	D	A	C	Z	U	T	T	D	C	J	H	D
S	Q	V	R	W	F	B	N	Q	I	E	H	D	U	K
Z	U	K	U	N	F	T	I	E	T	M	E	G	N	C
J	P	I	R	X	G	A	M	B	L	K	N	E	D	A
X	J	F	A	G	O	N	D	Y	I	E	T	U	E	H
N	I	I	W	P	L	O	I	S	L	Q	A	P	R	B
M	Z	U	L	N	K	M	K	I	U	S	D	D	T	Q

JAHR
JÄHRLICH
KALENDER
JAHRZEHNT
NACH
ZUKUNFT
TAG
GESTERN
MORGEN
MONAT
MITTAG
MINUTE
NACHT
HEUTE
STUNDE
UHR
BALD
VOR
JAHRHUNDERT
WOCHE

13 - Astronomia

B	C	M	M	U	S	R	E	V	I	N	U	O	M	E
K	M	R	O	S	C	O	C	H	O	Y	X	D	A	Y
M	U	Y	N	T	H	K	M	E	R	D	E	S	A	I
V	I	G	O	R	W	A	M	S	E	H	L	K	N	S
B	R	Q	R	A	E	S	A	C	O	U	H	O	D	U
Z	O	P	T	H	R	T	G	V	O	K	P	U	I	P
G	T	D	S	L	K	R	D	M	C	N	A	E	O	E
T	A	U	A	U	R	O	A	E	T	E	K	A	R	R
E	V	L	J	N	A	N	R	T	R	S	K	X	E	N
L	R	E	A	G	F	A	L	E	M	M	I	H	T	O
E	E	B	M	X	T	U	J	O	B	O	R	E	S	V
S	S	E	F	F	I	T	O	R	X	D	N	T	A	A
K	B	N	N	Z	F	E	S	H	R	R	J	D	L	H
O	O	K	O	N	S	T	E	L	L	A	T	I	O	N
P	P	L	A	N	E	T	O	C	G	O	U	D	B	I

ASTEROID
ASTRONAUT
ASTRONOM
HIMMEL
KOSMOS
KONSTELLATION
GALAXIE
SCHWERKRAFT
MOND
METEOR
NEBEL
OBSERVATORIUM
PLANET
STRAHLUNG
RAKETE
SUPERNOVA
TELESKOP
ERDE
UNIVERSUM

14 - Algebra

B	O	Y	U	N	E	N	D	L	I	C	H	E	V	E
M	R	E	M	M	U	N	U	H	N	S	C	R	E	E
L	A	U	Y	U	V	D	T	N	O	F	S	F	R	V
T	I	T	C	K	R	A	E	N	I	L	L	A	E	M
D	D	R	R	H	P	A	R	G	T	P	A	K	I	U
I	Z	J	S	I	T	R	H	I	K	A	F	T	N	Z
A	N	U	L	L	X	E	Z	G	A	Y	Z	O	F	G
G	N	O	I	S	I	V	I	D	R	B	W	R	A	E
R	L	Ö	S	U	N	G	I	L	T	P	L	L	C	X
A	G	A	D	I	C	Y	A	J	B	R	Q	E	H	P
M	B	H	Q	Z	Y	E	J	E	U	O	I	J	E	O
M	K	L	A	M	M	E	R	N	S	B	V	J	N	N
G	L	E	I	C	H	U	N	G	A	L	A	W	L	E
O	C	N	V	X	R	E	Q	L	D	E	C	Q	G	N
T	S	F	O	R	M	E	L	G	A	M	H	H	A	T

DIAGRAMM
DIVISION
GLEICHUNG
EXPONENT
FALSCH
FAKTOR
FORMEL
BRUCHTEIL
GRAPH
UNENDLICH
LINEAR
MATRIX
NUMMER
KLAMMERN
PROBLEM
VEREINFACHEN
LÖSUNG
SUBTRAKTION
VARIABLE
NULL

15 - Mitologia

V	A	M	S	L	Q	H	C	S	I	G	A	M	U	N
E	R	E	N	N	O	D	S	X	P	U	P	O	G	A
R	C	U	G	B	S	T	Ä	R	K	E	R	N	L	X
H	H	Z	T	I	L	B	Z	K	W	D	A	S	A	V
A	E	K	E	A	U	T	F	R	D	N	C	T	B	R
L	T	R	I	P	E	L	P	E	R	E	H	E	Y	S
T	Y	I	F	I	T	R	H	A	D	G	E	R	R	A
E	P	E	E	C	S	R	K	T	L	E	M	M	I	H
N	N	G	R	B	W	K	O	I	E	L	P	J	N	P
E	S	E	S	D	G	Z	B	O	H	R	E	R	T	U
D	G	R	U	T	L	U	K	N	Y	K	D	A	H	A
V	P	I	C	K	A	T	A	S	T	R	O	P	H	E
O	U	G	H	B	G	O	T	T	H	E	I	T	E	N
W	N	U	T	U	A	I	K	J	K	Z	K	S	F	X
S	T	E	R	B	L	I	C	H	K	F	H	S	C	Z

ARCHETYP
VERHALTEN
KREATUR
KREATION
KULTUR
KATASTROPHE
GOTTHEITEN
HELD
STÄRKE
BLITZ
EIFERSUCHT
KRIEGER
LABYRINTH
LEGENDE
MAGISCH
STERBLICH
MONSTER
HIMMEL
DONNER
RACHE

16 - Piante

W	N	E	S	H	C	A	W	C	T	B	M	E	O	H
U	C	F	U	P	E	H	S	F	N	A	R	O	L	F
R	L	E	F	U	S	S	B	P	I	M	U	A	B	B
Z	B	U	A	L	B	B	A	R	R	B	W	K	V	O
E	Z	L	D	Ü	N	G	E	R	J	U	A	A	E	T
L	G	L	Ü	P	G	N	M	A	G	S	L	K	G	A
S	W	I	V	T	U	V	U	F	M	B	D	T	E	N
B	S	A	H	K	E	Y	L	K	L	X	I	U	T	I
U	O	M	O	O	S	N	B	P	X	F	Z	S	A	K
N	W	H	Y	T	J	E	B	F	K	A	K	B	T	G
U	C	U	N	Z	H	T	Q	L	R	Y	K	U	I	N
I	B	J	E	E	R	R	B	J	A	S	V	S	O	B
A	B	E	E	R	E	A	I	B	N	T	J	C	N	Z
S	K	A	Z	W	S	G	Y	N	E	W	T	H	E	I
C	I	I	G	J	O	P	O	Y	O	S	K	K	Z	J

BAUM
BEERE
BAMBUS
BOTANIK
KAKTUS
BUSCH
WACHSEN
EFEU
GRAS
BOHNE

DÜNGER
BLUME
FLORA
LAUB
WALD
GARTEN
MOOS
BLÜTENBLATT
WURZEL
VEGETATION

17 - Spezie

S	A	N	W	L	S	M	L	E	H	C	N	E	F	S
Ü	A	M	U	K	R	U	K	A	K	I	R	P	A	P
S	L	U	Q	V	T	S	X	K	K	F	K	E	Z	E
S	L	E	M	M	Ü	K	Z	U	E	R	K	D	I	Q
K	S	D	V	Z	N	A	R	F	A	S	I	L	M	V
Z	N	M	I	U	K	T	F	B	P	U	M	T	T	N
W	K	O	I	D	E	N	J	S	A	N	I	S	Z	R
I	O	M	B	E	Z	U	D	V	A	O	N	Q	F	E
E	R	A	W	L	D	S	V	A	J	L	C	P	D	F
B	I	D	V	L	A	S	B	J	Y	V	Z	G	O	F
E	A	R	K	I	O	U	B	I	T	T	E	R	D	E
L	N	A	C	N	F	O	C	C	U	R	R	Y	H	F
D	D	K	W	A	G	A	U	H	N	P	R	V	F	P
Z	E	H	E	V	I	N	G	W	E	R	Z	Z	K	K
L	R	Q	X	K	O	P	B	M	R	F	H	S	J	I

KNOBLAUCH
BITTER
ANIS
ZIMT
KARDAMOM
ZWIEBEL
KORIANDER
KREUZKÜMMEL
KURKUMA
CURRY
SÜSS
FENCHEL
LAKRITZE
MUSKATNUSS
PAPRIKA
PFEFFER
SALZ
VANILLE
SAFRAN
INGWER

18 - Numeri

U	E	A	C	J	C	F	U	S	S	I	K	C	Z	N
O	Y	D	C	E	U	Ü	V	J	R	E	I	V	E	E
L	M	V	X	H	T	N	U	E	N	W	C	G	H	U
K	R	Q	E	M	T	F	L	Ö	W	Z	I	H	N	N
F	F	F	Z	Q	H	Z	B	C	G	H	G	W	S	Z
O	V	A	G	I	C	P	E	I	O	H	V	P	K	E
D	E	Z	I	M	A	L	O	H	P	Z	D	C	G	H
D	F	B	E	N	R	L	C	Z	N	G	H	L	D	N
H	G	J	R	V	V	U	R	W	H	E	S	W	K	Q
Y	C	J	D	Y	U	N	Q	A	E	L	B	J	N	T
S	I	E	B	Z	E	H	N	N	Z	U	T	E	Q	Q
D	R	E	I	Z	E	H	N	Z	H	Y	O	Q	I	V
F	Ü	N	F	Z	E	H	N	I	C	D	J	A	R	S
V	I	E	R	Z	E	H	N	G	E	D	Z	F	P	G
I	X	A	S	S	S	M	E	R	S	A	J	W	O	S

FÜNF
DEZIMAL
NEUNZEHN
SIEBZEHN
ACHTZEHN
ZEHN
ZWÖLF
ZWEI
NEUN
ACHT
VIERZEHN
VIER
FÜNFZEHN
SECHZEHN
SECHS
SIEBEN
DREI
DREIZEHN
ZWANZIG
NULL

19 - Cioccolato

G	E	S	C	H	M	A	C	K	S	R	D	C	K	P
A	R	O	M	A	F	A	V	O	R	I	T	H	O	N
K	B	I	T	T	E	R	E	V	L	U	P	C	K	B
N	Ö	F	C	K	N	S	V	N	I	A	I	V	O	H
Q	Q	S	S	Ü	S	W	S	C	H	F	R	I	S	G
E	U	C	T	S	N	A	D	I	X	O	I	T	N	A
S	K	A	I	L	Z	U	C	K	E	R	F	V	U	M
S	A	R	L	B	I	N	P	N	E	W	A	C	S	O
E	L	E	K	I	S	C	M	F	S	E	D	F	S	X
N	O	Z	R	A	T	H	H	C	S	I	T	O	X	E
Z	R	E	M	G	K	Ä	Y	O	Ü	Y	U	T	Q	E
U	I	P	W	H	Q	A	T	H	N	T	C	I	Z	G
T	E	T	A	J	D	G	O	V	D	E	E	T	G	G
A	N	C	H	A	N	D	W	E	R	K	L	I	C	H
T	K	A	R	A	M	E	L	L	E	V	S	M	F	L

BITTER
ANTIOXIDANS
ERDNÜSSE
AROMA
HANDWERKLICH
KAKAO
KALORIEN
KARAMELL
KÖSTLICH
SÜSS
EXOTISCH
GESCHMACK
ZUTAT
ESSEN
KOKOSNUSS
PULVER
FAVORIT
QUALITÄT
REZEPT
ZUCKER

20 - Immigrazione

O	F	F	I	Z	I	E	R	T	D	W	G	P	S	F
O	H	N	N	U	R	M	P	S	E	D	E	R	T	I
M	L	I	L	Ö	S	U	N	G	D	S	H	O	R	N
G	N	U	L	D	N	A	H	R	E	V	Ä	Z	E	A
V	K	E	M	F	L	P	I	H	T	P	U	E	S	N
P	X	N	H	N	E	Z	N	E	R	G	S	S	S	Z
I	Q	Y	C	P	B	Y	C	Z	V	E	E	S	C	I
K	O	M	M	U	N	I	K	A	T	I	O	N	B	E
S	C	M	G	N	U	G	I	M	H	E	N	E	G	R
K	P	W	D	V	O	Z	T	U	H	C	S	G	K	U
I	S	R	S	I	T	U	A	T	I	O	N	E	E	N
N	Z	B	A	O	Z	U	F	M	K	P	L	X	G	G
D	U	R	R	C	V	E	R	W	A	L	T	U	N	G
E	W	K	M	X	H	F	R	I	S	T	H	Q	X	A
R	K	B	T	E	N	E	S	H	C	A	W	R	E	X

ERWACHSENE
HILFE
GEHÄUSE
VERWALTUNG
GENEHMIGUNG
KINDER
KOMMUNIKATION
FINANZIERUNG
GRENZEN
GESETZ
SPRACHE
PROZESS
SCHUTZ
FRIST
SITUATION
LÖSUNG
STRESS
VERHANDLUNG
OFFIZIER

21 - Guida

B	K	Z	M	Q	Q	B	W	U	H	K	Q	G	F	N
I	T	H	C	I	S	R	O	V	L	S	M	A	M	E
P	S	J	S	T	Y	E	T	E	S	S	A	R	T	S
Q	S	Z	V	U	D	N	U	R	H	A	F	E	G	M
T	C	L	Y	N	M	N	A	K	F	W	U	T	O	E
I	R	L	G	N	G	S	D	E	G	D	P	R	D	R
E	E	A	N	E	Z	T	S	H	L	A	Z	A	R	B
H	G	F	N	L	E	O	S	R	I	R	R	K	U	T
R	N	N	A	S	C	F	B	P	Z	R	R	A	Y	E
E	Ä	U	R	P	P	F	G	U	E	O	L	X	G	E
H	G	M	I	D	O	O	I	L	N	T	K	M	X	E
C	S	P	O	Y	L	N	R	Z	Z	O	A	L	O	V
I	S	B	U	T	U	V	D	T	R	M	L	M	S	K
S	U	B	X	K	O	P	O	L	I	Z	E	I	N	D
V	F	E	G	A	S	R	Q	R	H	Q	N	K	O	F

VORSICHT
AUTO
BUS
BRENNSTOFF
BREMSEN
GARAGE
GAS
UNFALL
LIZENZ
KARTE
MOTORRAD
MOTOR
FUSSGÄNGER
GEFAHR
POLIZEI
SICHERHEIT
STRASSE
VERKEHR
TRANSPORT
TUNNEL

22 - Sport

D	Y	S	V	R	E	R	N	Ä	H	R	U	N	G	S
O	Q	C	J	U	A	Q	Q	H	O	C	I	K	S	P
V	K	T	I	E	H	D	N	U	S	E	G	Ö	C	O
Z	S	J	A	P	R	I	F	D	W	E	L	R	H	R
A	H	C	S	I	L	O	B	A	T	E	M	P	W	T
Y	U	A	T	H	L	E	T	R	H	Q	L	E	I	Z
O	J	S	O	A	J	H	I	D	N	R	L	R	M	P
K	Q	G	D	X	F	I	A	X	J	W	E	E	M	R
A	N	I	E	A	K	G	E	S	O	E	K	N	E	O
R	O	O	R	W	U	O	H	S	G	X	S	I	N	G
I	A	R	C	J	A	E	V	T	G	P	U	A	R	R
D	I	Ä	T	H	Y	D	R	Ä	E	N	M	R	J	A
H	Z	U	A	D	E	J	D	R	N	O	J	T	K	M
T	A	N	Z	E	N	N	X	K	I	Z	X	U	G	M
I	S	Y	B	P	E	T	I	E	K	G	I	H	Ä	F

TRAINER
ATHLET
FÄHIGKEIT
RADFAHREN
KÖRPER
TANZEN
DIÄT
STÄRKE
JOGGEN
METABOLISCH
MUSKEL
SCHWIMMEN
ERNÄHRUNG
ZIEL
KNOCHEN
PROGRAMM
AUSDAUER
GESUNDHEIT
SPORT

23 - Caffè

F	T	Q	T	W	A	P	D	L	U	F	B	N	Y	U
S	I	R	O	G	R	R	G	X	R	C	R	E	M	E
H	C	L	I	M	O	E	E	J	S	B	M	G	Q	T
J	C	H	T	L	M	I	R	C	P	P	K	R	N	I
W	E	H	W	E	A	S	Ö	N	R	H	N	O	N	E
O	Q	S	Y	A	R	W	S	Y	U	O	V	M	I	K
B	E	G	A	L	R	F	T	K	N	Ä	R	T	E	G
J	B	O	D	U	G	Z	E	C	G	Z	E	W	F	I
T	A	S	S	E	E	Y	T	A	E	U	T	P	F	S
M	A	H	L	E	N	R	W	M	X	C	T	H	O	S
W	A	S	S	E	R	X	H	H	A	K	I	Z	K	Ü
V	I	E	L	F	A	L	T	C	Y	E	B	I	C	L
E	M	P	Y	L	E	I	F	S	M	R	T	V	G	F
J	A	G	R	M	J	A	K	E	Y	Z	M	A	B	K
P	F	P	O	W	J	N	V	G	I	U	L	F	Q	P

SAUER
WASSER
BITTER
AROMA
GERÖSTET
GETRÄNK
KOFFEIN
CREME
FILTER
GESCHMACK

MILCH
FLÜSSIGKEIT
MAHLEN
MORGEN
SCHWARZ
URSPRUNG
PREIS
TASSE
VIELFALT
ZUCKER

24 - Uccelli

P	S	V	V	L	E	G	M	A	O	L	X	B	B	K
V	I	T	W	I	N	J	A	Z	N	J	Q	X	T	Z
T	E	N	R	K	T	N	S	N	A	K	I	L	E	P
F	M	T	G	A	E	B	N	A	S	P	A	A	K	K
M	Ö	W	E	U	U	Q	T	W	D	A	D	Q	C	U
W	Q	J	B	A	I	S	V	H	V	P	L	K	U	C
W	R	X	U	F	K	N	S	C	V	A	E	G	L	K
V	C	Y	A	P	W	K	O	S	S	G	R	X	Z	U
S	N	J	T	Q	R	A	H	I	P	E	E	T	W	C
A	I	Z	T	K	Q	T	C	X	A	I	H	O	M	K
K	E	U	I	Y	V	X	R	E	T	W	I	U	F	J
F	L	A	M	I	N	G	O	K	Z	N	E	C	H	S
R	P	G	G	R	G	V	T	U	U	U	R	A	U	D
X	Y	B	P	O	V	I	S	K	O	A	K	N	H	N
F	A	L	K	E	P	D	I	X	L	D	I	P	N	D

REIHER
ENTE
ADLER
STORCH
SCHWAN
KUCKUCK
FALKE
FLAMINGO
MÖWE
GANS
PAPAGEI
SPATZ
PFAU
PELIKAN
TAUBE
PINGUIN
HUHN
STRAUSS
TOUCAN
EI

25 - Giorni e Mesi

D	B	U	O	N	D	K	R	E	B	M	E	V	O	N
E	W	H	N	I	X	G	D	J	U	I	S	H	I	C
Z	T	X	P	N	R	E	B	M	E	T	P	E	S	Q
E	S	F	Y	A	C	Q	Q	E	I	T	J	I	F	X
M	U	P	I	B	J	C	R	D	P	W	B	U	D	N
B	G	A	T	N	N	O	S	I	U	O	U	L	N	D
E	U	A	Z	Q	H	J	B	E	A	C	R	E	S	I
R	A	I	T	A	N	O	M	N	H	H	H	G	H	S
K	A	L	E	N	D	E	R	S	F	C	W	H	X	A
Q	B	U	O	J	O	O	E	T	R	F	O	F	Y	M
W	S	J	O	S	H	M	B	A	P	G	R	W	R	S
L	A	W	N	G	J	E	O	G	A	P	R	I	L	T
F	E	B	R	U	A	R	T	F	R	I	H	E	L	A
J	A	N	U	A	R	U	K	O	T	B	A	N	B	G
F	R	E	I	T	A	G	O	K	W	C	J	Y	I	J

AUGUST
JAHR
APRIL
KALENDER
DEZEMBER
SONNTAG
FEBRUAR
JANUAR
JUNI
JULI
MONTAG
DIENSTAG
MITTWOCH
MONAT
NOVEMBER
OKTOBER
SAMSTAG
SEPTEMBER
WOCHE
FREITAG

26 - Casa

D	S	D	Y	D	Z	N	U	A	Z	R	G	A	B	J
A	Z	P	Z	I	M	M	E	R	X	P	L	J	I	O
C	M	M	I	S	U	P	Y	S	G	Q	O	Y	B	B
H	C	A	D	E	K	I	N	U	E	P	M	A	L	K
B	R	N	I	P	G	V	C	B	N	B	P	E	I	A
O	K	Ü	C	H	E	E	Z	S	N	O	S	Y	O	M
D	N	A	W	X	K	Q	L	Q	M	I	L	R	T	I
E	W	A	S	S	E	R	H	A	H	N	Q	I	H	N
N	W	B	E	D	W	U	C	E	M	E	K	C	E	D
D	C	O	X	U	U	V	I	P	H	N	E	X	K	G
G	V	D	F	S	P	A	P	T	E	F	A	X	Q	A
I	N	E	N	C	G	B	P	H	Ü	P	A	E	G	R
L	H	N	A	H	I	X	E	G	A	R	A	G	T	T
U	K	B	S	E	G	H	T	L	G	W	G	U	H	E
F	E	N	S	T	E	R	T	P	L	W	D	E	I	N

DACHBODEN
BIBLIOTHEK
ZIMMER
KAMIN
KÜCHE
DUSCHE
FENSTER
GARAGE
GARTEN
LAMPE
WAND
BODEN
TÜR
ZAUN
WASSERHAHN
BESEN
DECKE
SPIEGEL
TEPPICH
DACH

27 - Fantascienza

F	U	T	U	R	I	S	T	I	S	C	H	M	A	I
N	Z	I	W	V	U	C	H	N	O	G	F	S	O	S
X	R	O	D	Y	L	V	A	R	K	R	V	H	A	N
R	E	A	L	I	S	T	I	S	C	H	Z	G	I	K
O	T	I	H	T	E	C	H	N	O	L	O	G	I	E
R	O	B	P	N	O	I	S	O	L	P	X	E	P	U
A	B	L	L	O	V	S	I	N	M	I	E	H	E	G
K	O	O	U	I	T	L	E	W	P	P	E	E	P	I
E	R	O	C	S	U	S	F	E	U	E	R	E	L	M
L	P	Q	I	U	K	T	Y	A	K	I	E	X	A	A
M	M	C	M	L	I	N	O	D	R	Y	H	T	N	G
N	X	T	O	L	N	M	A	P	X	C	C	R	E	I
N	X	I	T	I	O	C	B	Y	I	W	Ü	E	T	N
G	A	L	A	X	I	E	N	N	Q	E	B	M	T	Ä
F	A	N	T	A	S	T	I	S	C	H	S	P	D	R

ATOMIC
KINO
DYSTOPIE
EXPLOSION
EXTREM
FANTASTISCH
FEUER
FUTURISTISCH
GALAXIE
ILLUSION
IMAGINÄR
BÜCHER
GEHEIMNISVOLL
WELT
ORAKEL
PLANET
REALISTISCH
ROBOTER
TECHNOLOGIE
UTOPIE

28 - Città

E	Q	C	G	F	W	Q	S	M	B	D	R	Q	G	U
T	Y	I	E	B	J	W	K	C	C	L	N	Z	A	N
B	Q	T	K	O	N	I	K	V	H	T	K	W	L	I
H	O	T	E	L	T	E	D	O	X	U	H	E	E	V
D	K	N	A	B	L	P	F	F	Q	D	L	Q	R	E
V	L	S	U	P	E	R	M	A	R	K	T	E	I	R
K	I	S	T	A	D	I	O	N	H	Y	I	Z	E	S
U	N	G	E	X	D	X	S	B	T	G	U	F	H	I
Y	I	K	H	S	W	F	G	Z	H	C	U	B	G	T
E	K	E	H	T	O	P	A	I	E	C	B	L	N	Ä
G	E	S	C	H	Ä	F	T	L	A	S	E	U	F	T
B	Ä	C	K	E	R	E	I	Y	T	K	R	A	M	I
M	U	S	E	U	M	X	B	R	E	Z	O	O	D	P
C	Q	S	M	F	F	F	F	N	R	B	P	K	M	N
B	U	C	H	H	A	N	D	L	U	N	G	H	O	X

FLUGHAFEN
BANK
KINO
KLINIK
APOTHEKE
GALERIE
HOTEL
BUCHHANDLUNG
MARKT
MUSEUM
GESCHÄFT
BÄCKEREI
SCHULE
STADION
SUPERMARKT
THEATER
UNIVERSITÄT
ZOO

29 - Fattoria #1

S	T	J	H	C	G	B	P	I	U	B	H	U	Y	S
H	A	P	O	W	H	E	U	W	V	D	Z	C	L	L
R	N	E	I	M	E	N	G	L	X	S	V	S	X	A
Z	K	K	J	E	Q	E	E	N	E	I	B	D	P	M
F	U	N	X	F	R	Z	S	U	E	R	H	J	K	P
Q	H	D	E	L	M	P	E	A	L	H	D	N	A	L
K	B	G	I	X	J	R	L	Z	D	U	L	W	T	S
H	O	N	I	G	U	B	E	U	T	H	E	B	Z	K
Z	I	E	G	E	V	P	D	I	X	N	F	L	E	R
X	R	K	A	L	B	I	R	R	S	V	O	B	S	D
K	D	E	U	P	V	D	E	F	S	R	X	W	E	Ü
K	I	W	S	W	J	D	H	K	D	R	E	F	P	N
D	O	Y	O	S	C	H	W	E	I	N	V	S	H	G
B	H	Y	N	T	A	A	S	C	U	T	U	C	H	E
A	A	N	U	F	M	W	I	L	P	L	R	H	R	R

WASSER
BIENE
ESEL
FELD
HUND
ZIEGE
PFERD
DÜNGER
HEU
KATZE

HERDE
SCHWEIN
HONIG
KUH
HUHN
ZAUN
REIS
SAAT
LAND
KALB

30 - Paesaggi

I	J	J	R	E	H	C	S	T	E	L	G	S	F	Y
V	O	U	W	Q	P	Ü	V	H	G	G	S	T	L	M
Q	X	X	S	B	R	W	G	C	W	R	U	R	U	G
Q	M	Y	Z	J	I	O	V	E	D	I	M	A	S	E
N	X	X	F	I	N	S	E	L	L	M	P	N	S	Y
W	A	S	S	E	R	F	A	L	L	H	F	D	K	S
H	V	G	H	Z	P	E	S	U	L	I	Ö	X	I	I
A	U	D	K	E	G	U	K	R	V	M	S	H	N	R
L	L	V	V	S	B	R	H	C	Y	T	O	T	L	A
B	K	M	K	Z	E	T	S	Ü	W	A	D	A	I	E
I	A	E	K	A	R	D	N	U	T	L	J	R	S	K
N	N	E	G	H	G	Z	A	M	Y	A	J	T	P	E
S	G	R	E	B	S	I	E	W	D	J	E	D	Q	E
E	Z	A	O	M	S	Y	Z	Y	G	U	K	F	T	S
L	P	N	P	P	B	L	O	Z	J	L	M	K	M	V

WASSERFALL
HÜGEL
WÜSTE
FLUSS
GEYSIR
GLETSCHER
HÖHLE
EISBERG
INSEL
SEE

MEER
BERG
OASE
OZEAN
SUMPF
HALBINSEL
STRAND
TUNDRA
TAL
VULKAN

31 - Energia

E	Z	V	U	M	W	E	L	T	B	H	H	H	F	D
L	E	S	E	I	D	N	I	W	E	S	C	T	E	Q
E	T	S	I	R	N	C	A	N	N	O	T	O	H	P
K	U	J	R	A	S	B	L	U	Z	G	G	Q	O	P
T	R	H	E	E	E	C	N	X	I	H	I	T	Z	E
R	B	P	T	L	X	L	H	L	N	H	N	M	O	X
O	I	F	T	K	A	M	E	M	D	X	S	L	W	X
N	N	R	A	U	R	E	O	K	U	E	Y	J	F	U
T	E	Y	B	N	F	K	D	T	T	T	V	Z	V	G
I	N	D	U	S	T	R	I	E	O	R	Z	W	Y	C
E	R	N	E	U	E	R	B	A	R	R	I	U	F	N
W	A	S	S	E	R	S	T	O	F	F	N	S	N	K
K	O	H	L	E	N	S	T	O	F	F	D	T	C	G
B	R	E	N	N	S	T	O	F	F	P	M	A	D	H
R	B	E	N	T	R	O	P	I	E	K	S	Y	J	U

UMWELT
BATTERIE
BENZIN
HITZE
KOHLENSTOFF
BRENNSTOFF
DIESEL
ELEKTRISCH
ELEKTRON
ENTROPIE
PHOTON
WASSERSTOFF
INDUSTRIE
VERSCHMUTZUNG
MOTOR
NUKLEAR
ERNEUERBAR
TURBINE
DAMPF
WIND

32 - Ristorante #2

E	V	D	E	Q	Z	P	H	E	I	S	F	P	A	H
K	B	E	I	T	B	U	C	T	H	A	H	O	Y	N
W	U	U	E	P	P	U	S	A	L	Z	Q	Z	V	T
W	H	C	R	B	F	R	I	N	E	E	N	Q	Q	P
T	L	T	H	C	U	R	F	M	B	C	F	B	Z	Y
R	U	A	P	E	J	P	D	Z	A	N	U	F	Y	I
W	E	L	T	Z	N	Q	Q	T	G	K	B	O	Ö	G
F	A	A	X	R	Y	B	E	S	T	N	Z	X	E	L
T	P	S	W	Ü	O	N	H	O	B	Ä	X	M	S	H
R	Y	Z	S	W	L	X	G	C	L	R	F	P	Ü	U
I	R	E	N	E	S	S	E	G	A	T	T	I	M	T
H	E	L	A	G	R	E	N	L	L	E	K	O	E	S
V	O	R	S	P	E	I	S	E	J	G	J	C	G	V
K	Ö	S	T	L	I	C	H	N	R	C	N	C	U	T
A	B	E	N	D	E	S	S	E	N	E	E	C	C	O

WASSER
VORSPEISE
GETRÄNK
KELLNER
ABENDESSEN
LÖFFEL
KÖSTLICH
GABEL
FRUCHT
EIS
SALAT
SUPPE
FISCH
MITTAGESSEN
SALZ
STUHL
GEWÜRZE
KUCHEN
EIER
GEMÜSE

33 - Moda

P	S	N	A	X	L	H	M	A	N	Y	C	Y	R	A
K	R	U	M	M	V	H	P	G	C	M	V	K	U	N
L	E	A	E	R	K	I	E	R	E	K	C	I	T	S
E	U	U	K	E	U	Q	I	T	U	O	B	T	X	P
I	E	O	M	T	L	I	M	X	M	K	O	K	E	R
D	T	R	O	S	I	E	T	A	S	T	E	N	T	U
U	N	I	D	U	U	S	G	P	T	K	Z	Q	R	C
N	S	G	E	M	Q	H	C	A	F	N	I	E	E	H
G	T	I	R	S	O	U	O	H	N	S	Y	J	N	S
S	O	N	N	U	I	U	V	R	R	T	P	U	D	V
J	F	A	K	O	M	F	O	R	T	A	B	E	L	O
Q	F	L	B	E	S	C	H	E	I	D	E	N	U	L
I	B	E	D	I	Z	L	Y	H	F	L	M	Q	C	L
S	T	I	L	M	L	O	S	P	I	T	Z	E	F	L
Q	I	P	U	P	T	R	N	L	F	P	D	M	K	J

KLEIDUNG
BOUTIQUE
TEUER
KOMFORTABEL
ELEGANT
MUSTER
MODERN
BESCHEIDEN
ORIGINAL
SPITZE
PRAKTISCH
TASTEN
STICKEREI
EINFACH
ANSPRUCHSVOLL
STIL
TREND
STOFF
TEXTUR

34 - Giardino

I	O	L	T	H	H	X	R	E	C	H	E	N	H	P
Z	I	B	I	C	G	A	R	A	G	E	Q	E	Ä	V
V	J	X	S	S	C	H	A	U	F	E	L	D	N	E
B	A	N	K	T	T	A	M	M	J	Y	T	O	G	R
E	S	I	T	X	G	E	R	F	D	T	E	B	E	A
J	C	L	K	C	U	A	I	W	C	O	R	S	M	N
F	H	O	V	C	I	I	R	C	L	M	R	I	A	D
S	L	P	B	U	S	C	H	T	H	Y	A	C	T	A
S	A	M	Z	A	U	N	O	F	E	P	S	I	T	O
T	U	A	U	N	K	R	A	U	T	N	S	W	E	B
B	C	R	A	H	U	B	Y	J	R	E	E	G	Y	L
A	H	T	G	R	W	H	V	A	J	T	K	S	T	D
U	Z	C	R	Y	P	L	H	T	L	R	Q	B	A	K
M	T	S	A	B	L	U	M	E	R	A	D	S	V	R
L	Z	C	S	N	T	X	C	T	R	G	E	Q	G	J

BAUM
HÄNGEMATTE
BUSCH
GRAS
UNKRAUT
BLUME
OBSTGARTEN
GARAGE
GARTEN
SCHAUFEL

BANK
VERANDA
RASEN
RECHEN
ZAUN
TEICH
BODEN
TERRASSE
TRAMPOLIN
SCHLAUCH

35 - Riscaldamento Globale

E	G	M	J	K	M	L	G	O	Z	V	M	A	V	L
I	N	N	N	E	R	E	I	Z	U	D	E	R	U	I
R	U	E	X	A	Y	I	D	A	T	E	N	K	M	Q
T	L	G	R	H	O	Z	S	V	F	G	Q	T	W	V
S	K	B	R	G	A	Z	N	E	V	N	A	I	E	A
U	C	R	H	D	I	K	Q	Q	A	U	G	S	L	R
D	I	I	Z	F	D	E	V	N	Z	B	G	V	T	E
N	W	N	E	N	O	I	T	A	R	E	N	E	G	G
I	T	T	E	U	N	I	T	Y	P	G	G	L	K	I
Z	N	W	Y	T	F	N	U	K	U	Z	Q	L	N	E
K	E	J	E	T	Z	T	S	C	P	T	X	A	G	R
S	L	A	N	O	I	T	A	N	R	E	T	N	I	U
V	M	I	W	Q	M	G	Q	R	K	S	S	M	C	N
D	Z	D	M	M	U	A	R	S	N	E	B	E	L	G
N	U	W	W	A	S	S	E	Q	Q	G	G	R	F	V

UMWELT
ARKTIS
KLIMA
KRISE
DATEN
ENERGIE
ZUKUNFT
GAS
GENERATIONEN
REGIERUNG
LEBENSRAUM
INDUSTRIE
INTERNATIONAL
GESETZGEBUNG
JETZT
REDUZIEREN
ENTWICKLUNG

36 - Frutta

B	O	C	C	B	M	I	Z	G	C	D	M	O	Z	M
F	A	R	E	N	H	E	N	R	I	B	A	R	T	Q
L	N	N	X	H	Z	O	L	K	Q	P	N	A	M	A
G	O	D	A	C	O	V	A	O	Y	A	G	N	N	P
T	W	M	Q	N	C	T	Y	D	N	E	O	G	K	F
I	A	Q	L	O	E	R	E	E	B	E	B	E	I	E
A	P	O	F	H	F	P	N	H	P	S	R	Z	W	L
T	N	Z	Z	I	F	F	I	C	F	O	O	I	I	T
J	H	A	W	V	T	I	R	S	L	K	M	T	T	R
F	B	G	N	X	B	R	A	R	A	I	B	R	D	A
C	N	E	A	A	A	S	T	I	U	R	E	O	F	U
F	B	S	Z	Q	S	I	K	K	M	P	E	N	L	B
H	B	Z	H	K	Y	C	E	Y	E	A	R	E	H	E
S	G	V	L	N	B	H	N	S	N	M	E	M	S	S
H	I	M	B	E	E	R	E	P	A	P	A	Y	A	W

APRIKOSE
ANANAS
ORANGE
AVOCADO
BEERE
BANANE
KIRSCHE
KIWI
HIMBEERE
ZITRONE
MANGO
APFEL
MELONE
BROMBEERE
NEKTARINE
PAPAYA
BIRNE
PFIRSICH
PFLAUME
TRAUBE

37 - Fattoria #2

O	K	U	Y	C	I	Q	X	B	U	U	V	G	G	I
R	B	M	I	L	C	H	D	F	Q	N	D	Y	C	S
H	E	S	R	P	F	A	H	C	S	L	A	M	A	C
O	Z	I	T	F	Q	R	E	U	A	B	I	X	K	H
W	T	A	S	G	F	E	U	Q	B	U	R	A	Q	Ä
R	S	M	N	U	A	E	Y	C	S	E	L	M	K	F
Y	L	A	M	M	F	R	Y	O	H	D	J	E	R	E
W	X	U	E	M	N	E	T	N	E	T	G	U	A	R
J	E	S	E	I	W	I	J	E	N	U	E	H	C	S
E	Q	I	O	T	R	T	V	H	N	Q	R	F	Y	E
Y	E	C	Z	L	E	U	H	Q	J	M	S	D	G	S
G	N	U	R	E	S	S	Ä	W	E	B	T	D	I	S
K	C	O	T	S	N	E	N	E	I	B	E	G	I	E
L	E	L	C	N	Ä	T	R	A	K	T	O	R	D	N
L	T	B	Q	U	G	W	Q	E	H	M	O	F	X	O

LAMM
BAUER
BIENENSTOCK
ENTE
TIERE
ESSEN
SCHEUNE
FRUCHT
OBSTGARTEN
WEIZEN
BEWÄSSERUNG
LAMA
MILCH
MAIS
GÄNSE
GERSTE
SCHÄFER
SCHAF
WIESE
TRAKTOR

38 - Verdure

R	H	B	X	K	V	P	U	F	L	E	J	V	K	N
Q	C	U	L	Ü	B	I	L	O	K	K	O	R	B	W
K	U	G	E	R	Q	L	E	T	G	U	R	K	E	D
F	A	I	F	B	V	Z	B	D	O	R	H	H	P	Q
A	L	R	F	I	H	S	E	W	T	M	C	N	F	E
U	B	N	O	S	C	Z	I	K	X	Y	A	V	I	I
B	O	R	T	T	I	Z	W	T	G	D	N	T	T	L
E	N	M	R	A	T	G	Z	J	E	S	S	I	E	I
R	K	P	A	N	T	E	T	T	O	L	A	H	C	S
G	T	E	K	I	E	B	S	R	X	L	U	J	T	R
I	K	J	A	P	R	Ü	I	B	S	A	L	A	T	E
N	M	G	D	S	R	R	A	O	R	D	H	W	U	T
E	I	N	G	W	E	R	I	Y	N	E	C	D	P	E
S	E	L	L	E	R	I	E	X	S	U	D	D	A	P
A	R	T	I	S	C	H	O	C	K	E	N	S	Z	A

KNOBLAUCH
BROKKOLI
ARTISCHOCKE
KAROTTE
GURKE
ZWIEBEL
PILZ
SALAT
AUBERGINE
KARTOFFEL
ERBSE
TOMATE
PETERSILIE
RÜBE
RETTICH
SCHALOTTE
SELLERIE
SPINAT
INGWER
KÜRBIS

39 - Musica

H	I	S	K	A	R	O	H	C	V	T	E	Z	L	O
A	N	Ä	L	U	Y	H	P	W	P	E	Y	S	Y	B
R	S	N	A	F	S	A	Y	E	K	M	R	Q	R	E
M	T	G	S	N	H	O	N	T	R	P	N	L	I	C
O	R	E	S	A	C	A	Y	X	H	O	P	A	S	O
N	U	R	I	H	S	Y	R	E	Z	M	K	C	C	M
I	M	B	S	M	I	B	U	M	A	K	U	I	H	U
E	E	W	C	E	T	C	X	U	O	M	N	S	H	S
N	N	W	H	N	E	P	J	B	C	N	G	U	J	I
L	T	S	W	A	O	I	F	L	S	N	I	M	P	K
I	X	U	O	G	P	M	V	A	J	V	U	S	Y	E
B	A	L	L	A	D	E	S	I	N	G	E	N	C	R
P	M	K	R	H	Y	T	H	M	I	S	C	H	V	H
M	E	L	O	D	I	E	M	I	K	R	O	F	O	N
C	S	Q	E	S	U	R	N	L	U	J	Z	A	W	E

ALBUM
HARMONIE
HARMONISCH
BALLADE
SÄNGER
SINGEN
KLASSISCH
CHOR
LYRISCH
MELODIE
MIKROFON
MUSICAL
MUSIKER
OPER
POETISCH
AUFNAHME
RHYTHMISCH
RHYTHMUS
INSTRUMENT
TEMPO

40 - Barbecue

E	J	Z	S	U	B	S	S	I	E	H	O	N	J	S
M	I	F	T	W	M	P	V	W	N	J	F	B	M	O
I	F	N	K	T	N	I	K	T	E	H	U	H	N	S
T	A	L	L	G	R	E	O	F	N	W	M	J	E	S
T	M	E	M	A	R	L	L	I	R	G	U	N	T	E
A	I	B	Q	U	D	E	A	E	P	V	T	E	A	N
G	L	E	N	V	S	U	E	M	V	K	S	Z	M	E
E	I	I	V	N	S	I	N	A	R	E	M	M	O	S
S	E	W	R	N	L	V	K	G	E	M	K	J	T	S
S	Y	Z	S	L	N	O	E	H	V	E	A	F	H	E
E	J	L	G	A	E	S	S	E	N	S	Q	F	C	D
N	Q	A	X	D	L	X	A	T	P	S	R	M	U	N
X	L	S	X	V	E	A	I	Q	E	E	F	A	R	E
C	G	I	X	Q	H	A	T	L	A	R	A	W	F	B
P	F	E	F	F	E	R	R	E	G	N	U	H	L	A

HEISS
ABENDESSEN
ESSEN
ZWIEBELN
MESSER
SOMMER
HUNGER
FAMILIE
FRUCHT
SPIELE

GRILL
SALATE
EINLADUNG
MUSIK
PFEFFER
HUHN
TOMATEN
MITTAGESSEN
SALZ
SOSSE

41 - Fisica

H	P	A	R	G	F	S	K	S	E	N	D	V	H	V
S	T	A	I	M	N	J	Q	X	X	U	X	A	A	B
M	F	J	R	O	T	O	M	C	P	K	X	R	Y	G
V	O	L	Z	T	S	Y	F	C	A	L	C	I	C	W
L	K	L	N	A	I	N	P	Q	N	E	R	A	M	E
S	Y	G	E	C	S	K	X	M	S	A	Y	B	J	W
M	S	G	U	K	H	T	E	X	I	R	H	L	M	F
K	T	D	Q	N	Ü	P	Z	L	O	F	C	E	X	U
F	M	Y	E	O	U	L	U	E	N	A	S	G	A	S
N	O	S	R	R	E	L	A	T	I	V	I	T	Ä	T
Z	U	R	F	T	Y	U	V	H	O	S	M	G	A	K
E	Q	U	M	K	G	X	Y	C	Z	K	E	I	Z	V
D	G	O	R	E	P	K	K	I	N	A	H	C	E	M
H	N	N	C	L	L	W	Y	D	Q	Q	C	K	I	N
M	A	G	N	E	T	I	S	M	U	S	O	A	H	C

ATOM
CHAOS
CHEMISCH
DICHTE
ELEKTRON
EXPANSION
FORMEL
FREQUENZ
GAS
GRAPH
MAGNETISMUS
MECHANIK
MOLEKÜL
MOTOR
NUKLEAR
PARTIKEL
RELATIVITÄT
VARIABLE

42 - Agronomia

E	L	Ä	N	D	L	I	C	H	O	Y	V	Q	J	M
S	W	I	S	S	E	N	S	C	H	A	F	T	X	B
S	T	N	K	P	P	R	O	D	U	K	T	I	O	N
E	I	G	R	E	N	E	L	N	X	W	L	A	M	G
N	J	D	O	E	T	X	I	U	G	L	E	I	A	S
I	G	W	D	Z	H	L	O	P	W	M	W	L	B	S
F	O	R	S	C	H	U	N	G	M	J	M	G	T	U
A	E	M	E	T	S	Y	S	Z	S	T	U	D	I	E
L	S	R	W	A	C	H	S	T	U	M	J	K	E	I
D	F	M	O	K	F	P	B	O	D	E	N	J	H	G
M	Ü	H	C	S	I	N	A	G	R	O	F	G	K	O
H	R	N	V	G	I	T	L	A	H	H	C	A	N	L
D	L	J	G	Y	M	O	W	A	S	S	E	R	A	O
V	W	K	K	E	E	Q	N	H	F	T	B	A	R	K
N	V	L	Q	N	R	N	X	R	G	J	P	H	K	Ö

WASSER
UMWELT
ESSEN
WACHSTUM
ÖKOLOGIE
ENERGIE
EROSION
DÜNGER
KRANKHEIT
ORGANISCH
PRODUKTION
FORSCHUNG
LÄNDLICH
WISSENSCHAFT
SAAT
SYSTEME
NACHHALTIG
STUDIE
BODEN

43 - Erboristeria

R	G	W	S	F	L	L	I	D	R	N	T	F	G	P
O	U	R	T	E	A	P	M	B	P	K	H	E	B	E
S	W	S	Ü	G	V	B	T	X	C	Q	Y	N	T	T
M	J	Y	H	N	E	G	A	U	E	L	M	C	T	E
A	H	Y	C	E	N	N	T	S	H	D	I	H	Ä	R
R	C	L	U	T	D	O	U	A	I	O	A	E	T	S
I	S	O	A	R	E	G	Z	S	S	L	N	L	I	I
N	I	E	L	A	L	A	R	X	Y	Y	I	M	L	L
A	R	H	B	G	O	R	E	G	A	N	O	K	A	I
R	A	R	O	M	A	T	I	S	C	H	S	M	U	E
O	N	U	N	V	V	S	Z	Q	J	I	A	I	Q	M
J	I	U	K	U	Z	E	M	U	L	B	F	N	W	H
A	L	J	X	T	W	X	K	I	W	U	R	Z	H	B
M	U	W	O	I	I	C	F	Q	M	A	A	E	J	I
G	K	C	E	A	L	I	O	T	Y	U	N	W	J	J

KNOBLAUCH
DILL
AROMATISCH
BASILIKUM
KULINARISCH
ESTRAGON
FENCHEL
BLUME
GARTEN
ZUTAT
LAVENDEL
MAJORAN
MINZE
OREGANO
PETERSILIE
QUALITÄT
ROSMARIN
THYMIAN
GRÜN
SAFRAN

44 - Danza

A	Y	X	R	Z	A	O	W	P	K	P	A	N	T	N
V	U	T	B	M	F	B	X	R	R	C	R	N	R	C
I	B	S	U	M	H	T	Y	H	R	O	V	L	A	H
S	S	N	D	G	N	U	G	E	W	E	B	O	D	O
U	E	U	W	R	K	U	L	T	U	R	J	E	I	R
E	I	K	Z	E	U	Y	F	W	E	B	L	F	T	E
L	M	D	X	N	M	C	R	J	X	N	L	R	I	O
L	E	R	H	T	Y	U	K	S	A	O	E	E	O	G
P	D	M	D	R	G	P	S	S	D	I	R	U	N	R
S	A	Y	P	A	N	X	I	I	V	T	U	D	E	A
W	K	Y	W	P	R	W	Y	S	K	O	T	I	L	P
H	A	L	T	U	N	G	N	I	L	M	L	G	L	H
X	A	O	K	Ö	R	P	E	R	Y	E	U	L	N	I
K	L	A	S	S	I	S	C	H	T	U	K	D	B	E
G	A	N	M	U	T	S	P	R	I	N	G	E	N	V

AKADEMIE
KUNST
KLASSISCH
PARTNER
CHOREOGRAPHIE
KÖRPER
KULTUR
KULTURELL
EMOTION
AUSDRUCKSVOLL
FREUDIG
ANMUT
BEWEGUNG
MUSIK
HALTUNG
PROBE
RHYTHMUS
SPRINGEN
TRADITIONELL
VISUELL

45 - Biologia

C	H	R	O	M	O	S	O	M	F	B	A	C	O	H
J	R	P	V	Y	Q	I	F	V	W	U	F	P	K	Z
X	N	H	O	R	M	O	N	L	D	N	N	G	R	X
N	O	I	T	U	L	O	V	E	Q	B	N	A	V	L
T	R	E	I	T	E	G	U	Ä	S	A	E	S	Q	G
K	U	S	Y	M	B	I	O	S	E	K	S	P	C	M
G	E	S	E	H	T	N	Y	S	O	T	O	H	P	U
A	N	A	T	O	M	I	E	U	Y	E	M	X	K	T
N	A	T	Ü	R	L	I	C	H	R	R	S	H	O	A
M	Z	J	R	S	S	U	L	V	B	I	O	C	L	T
Z	Y	C	N	E	L	L	E	Z	M	E	X	C	L	I
E	N	Z	Y	M	P	N	V	R	E	N	G	U	A	O
P	F	Y	J	L	W	T	L	W	M	B	A	J	G	N
A	N	H	K	T	X	N	I	E	T	O	R	P	E	O
S	Y	N	A	P	S	E	F	L	P	G	B	J	N	Y

ANATOMIE
BAKTERIEN
ZELLE
KOLLAGEN
CHROMOSOM
EMBRYO
ENZYM
EVOLUTION
PHOTOSYNTHESE
SÄUGETIER
MUTATION
NATÜRLICH
NERV
NEURON
HORMON
OSMOSE
PROTEIN
REPTIL
SYMBIOSE
SYNAPSE

46 - Attività Commerciale

M	T	O	E	D	F	I	K	M	N	N	I	W	E	G
I	R	X	N	F	M	A	M	A	E	I	K	R	R	N
T	A	T	E	G	D	U	B	D	R	P	N	Q	F	J
A	N	F	T	N	L	A	A	R	E	R	O	V	U	Z
R	S	A	S	U	E	L	N	E	I	T	I	N	A	A
B	A	H	O	R	G	W	R	B	Z	K	T	E	K	O
E	K	C	K	H	Z	B	A	E	N	L	I	M	R	E
I	T	S	V	Ä	P	L	B	G	A	P	T	M	E	E
T	I	T	B	W	M	P	A	T	N	U	S	O	V	Z
E	O	R	L	Ü	X	L	T	I	I	T	E	K	H	G
R	N	I	H	L	R	Y	T	E	F	J	V	N	M	E
V	V	W	H	I	F	O	Z	B	A	C	N	I	V	N
G	E	S	C	H	Ä	F	T	R	J	E	I	E	L	U
P	V	W	A	R	E	B	E	A	M	R	I	F	A	D
C	U	R	M	J	E	S	W	G	C	U	L	L	I	P

BUDGET
KARRIERE
KOSTEN
ARBEITGEBER
MITARBEITER
WIRTSCHAFT
FABRIK
FINANZIEREN
INVESTITION
WARE
GESCHÄFT
GEWINN
EINKOMMEN
RABATT
FIRMA
GELD
TRANSAKTION
BÜRO
WÄHRUNG
VERKAUF

47 - Fiori

L	E	D	N	E	V	A	L	S	Y	P	K	T	P	B
A	I	R	E	M	U	L	P	E	H	S	F	U	A	L
O	N	L	L	Ö	W	E	N	Z	A	H	N	L	S	Ü
R	E	L	I	W	Y	N	V	K	Z	X	G	P	S	T
C	D	I	J	E	I	L	O	N	G	A	M	E	I	E
H	R	L	A	X	S	U	K	S	I	B	I	H	O	N
I	A	A	S	O	S	O	Q	Y	E	V	J	U	N	B
D	G	O	M	G	U	B	R	U	D	Y	Q	R	S	L
E	C	A	I	T	A	Q	M	T	P	F	V	O	B	A
E	N	Y	N	G	R	X	M	O	S	X	P	S	L	T
I	X	M	W	D	T	Y	S	W	H	G	A	E	U	T
L	E	T	D	L	S	K	X	K	I	N	N	B	M	Q
T	I	Q	Z	S	R	K	L	E	E	D	C	I	E	K
S	O	N	N	E	N	B	L	U	M	E	U	L	F	Y
G	Ä	N	S	E	B	L	Ü	M	C	H	E	N	Y	P

LÖWENZAHN
GARDENIE
JASMIN
LILIE
SONNENBLUME
HIBISKUS
LAVENDEL
LILA
MAGNOLIE
GÄNSEBLÜMCHEN
STRAUSS
ORCHIDEE
MOHN
PASSIONSBLUME
PFINGSTROSE
BLÜTENBLATT
PLUMERIA
ROSE
KLEE
TULPE

48 - Filantropia

M	M	E	N	S	C	H	E	N	Z	A	I	Z	G	S
F	I	G	J	T	W	K	X	E	R	I	Q	V	N	X
I	G	T	E	C	H	I	N	P	D	N	E	G	U	J
N	E	I	T	Z	Q	N	T	P	W	E	B	L	F	F
A	M	E	K	E	E	D	M	U	E	H	E	A	E	Z
N	E	K	A	T	L	E	Ö	R	M	C	I	B	Z	H
Z	I	H	T	H	V	R	F	G	M	U	L	O	G	B
I	N	C	N	C	N	C	F	F	A	A	N	L	X	C
E	S	I	O	I	Y	I	E	I	R	R	E	G	G	W
R	C	L	K	H	W	F	N	J	G	B	T	B	Z	F
E	H	R	L	C	R	M	T	N	O	I	S	S	I	M
N	A	H	Y	S	V	R	L	J	R	M	H	P	O	X
G	F	E	Y	E	E	Z	I	U	P	L	C	H	H	Y
E	T	A	A	G	W	V	C	M	U	G	Ä	A	Q	K
S	P	E	N	D	E	N	H	H	J	L	N	F	V	X

KINDER
BRAUCHEN
NÄCHSTENLIEBE
GEMEINSCHAFT
KONTAKTE
SPENDEN
FINANZIEREN
MITTEL
JUGEND
GLOBAL
GRUPPEN
MISSION
ZIELE
EHRLICHKEIT
MENSCHEN
PROGRAMME
ÖFFENTLICH
GESCHICHTE

49 - Ecologia

Y	N	Z	L	N	V	I	T	U	H	W	F	Z	T	C
G	A	N	E	N	E	B	E	L	R	E	B	Ü	F	V
L	T	A	B	E	G	I	T	L	A	H	H	C	A	N
O	Ü	T	E	Z	E	Y	D	M	V	N	R	I	H	V
B	R	U	N	N	T	R	A	Ü	A	T	X	B	C	I
A	L	R	S	A	A	W	C	F	R	R	Z	E	S	E
L	I	T	R	L	T	O	K	P	O	R	I	Q	N	L
P	C	K	A	F	I	F	P	O	L	X	E	N	I	F
E	H	X	U	P	O	E	V	Y	F	K	S	G	E	A
E	V	M	M	I	N	I	U	V	W	L	U	L	M	L
G	H	O	R	T	M	W	O	X	H	I	M	Q	E	T
R	E	S	S	O	U	R	C	E	N	M	P	K	G	S
E	E	X	T	V	N	S	A	N	U	A	F	S	Z	A
B	F	R	E	I	W	I	L	L	I	G	E	M	S	W
F	G	A	U	P	P	O	G	P	W	N	W	L	B	K

KLIMA
GEMEINSCHAFT
VIELFALT
FAUNA
FLORA
GLOBAL
LEBENSRAUM
MARINE
BERGE
NATUR
NATÜRLICH
SUMPF
PFLANZEN
RESSOURCEN
DÜRRE
ÜBERLEBEN
NACHHALTIG
ART
VEGETATION
FREIWILLIGE

50 - Discipline Scientifiche

F	E	J	Z	E	Ö	B	B	O	T	A	N	I	K	A
X	I	K	R	T	E	K	I	N	A	H	C	E	M	S
A	G	F	K	K	I	E	O	O	Z	G	Q	J	Z	T
Y	O	T	L	I	G	I	O	L	L	S	V	U	F	R
L	L	D	S	T	O	G	Q	H	O	O	U	Y	N	O
K	O	E	E	S	L	O	K	O	K	G	G	V	X	N
P	H	Y	S	I	O	L	O	G	I	E	I	I	Z	O
T	C	L	Q	U	Ä	O	F	M	J	I	Z	E	E	M
T	Y	O	X	G	H	R	S	D	Q	M	O	I	I	I
T	S	F	D	N	C	U	C	O	F	E	O	G	M	E
C	P	Z	O	I	R	E	E	Z	Y	H	L	O	O	W
G	Y	O	W	L	A	N	X	F	X	C	O	L	T	S
M	I	N	E	R	A	L	O	G	I	E	G	O	A	I
L	U	B	I	O	C	H	E	M	I	E	I	E	N	U
S	O	Z	I	O	L	O	G	I	E	A	E	G	A	P

ANATOMIE
ARCHÄOLOGIE
ASTRONOMIE
BIOCHEMIE
BIOLOGIE
BOTANIK
CHEMIE
ÖKOLOGIE
PHYSIOLOGIE
GEOLOGIE
LINGUISTIK
MECHANIK
MINERALOGIE
NEUROLOGIE
PSYCHOLOGIE
SOZIOLOGIE
ZOOLOGIE

51 - Acqua

X	G	I	W	E	V	Z	Y	I	K	D	L	N	F	O
W	T	I	E	K	G	I	T	H	C	U	E	F	S	Z
X	H	V	L	R	Y	C	U	M	I	K	N	U	E	E
U	C	E	L	A	T	U	L	R	E	G	E	N	E	A
S	U	R	E	B	N	M	F	K	I	A	V	O	O	N
C	E	D	N	K	U	A	C	D	N	S	S	U	L	F
H	F	U	A	N	S	M	K	D	P	I	Y	S	Z	K
N	T	N	K	I	N	W	X	U	Q	E	M	E	D	D
E	D	S	I	R	O	F	T	S	O	R	F	T	G	D
E	A	T	R	T	M	X	D	C	T	P	O	Q	P	W
K	M	U	R	F	Y	N	X	H	Q	O	C	G	S	O
O	P	N	U	G	N	U	R	E	S	S	Ä	W	E	B
S	F	G	H	N	J	C	A	N	E	S	N	G	F	Z
Y	N	P	J	E	Y	V	G	Y	O	L	O	I	B	J
Y	R	A	G	T	N	U	T	L	X	F	M	V	O	H

FLUT
KANAL
DUSCHE
VERDUNSTUNG
FLUSS
FROST
GEYSIR
EIS
BEWÄSSERUNG
SEE
MONSUN
SCHNEE
OZEAN
WELLEN
REGEN
TRINKBAR
FEUCHTIGKEIT
FEUCHT
HURRIKAN
DAMPF

52 - Imbarcazioni

F	D	I	M	U	X	J	V	T	I	D	E	U	X	U
D	Ä	S	E	I	L	X	D	A	S	G	B	N	K	Z
M	G	H	C	P	K	C	C	V	K	A	J	A	K	I
H	F	Q	R	P	C	M	H	L	B	L	M	K	D	R
D	J	U	F	E	R	E	K	N	A	S	J	Y	L	Q
K	G	U	X	N	E	L	L	E	W	E	T	A	Q	B
V	J	X	Q	S	W	S	X	A	E	G	W	C	V	P
N	A	U	T	I	S	C	H	Y	N	E	R	H	C	V
A	S	E	E	M	A	N	N	C	J	L	K	T	U	D
E	Z	B	G	E	R	C	V	J	L	B	W	B	A	O
Z	K	J	S	B	X	B	E	S	S	O	L	F	M	F
O	K	Z	L	X	M	O	J	V	G	O	K	A	Z	L
M	E	E	R	O	T	O	M	K	B	T	K	L	L	U
B	O	J	E	I	H	F	S	C	E	O	X	J	Z	S
G	O	Z	X	M	I	E	N	Z	B	O	M	D	G	S

MAST
ANKER
SEGELBOOT
BOJE
KANU
SEIL
CREW
FLUSS
KAJAK
SEE

MEER
TIDE
SEEMANN
MOTOR
NAUTISCH
OZEAN
WELLEN
FÄHRE
YACHT
FLOSS

53 - Chimica

E	K	O	A	O	R	A	Y	C	E	A	T	F	E	W
L	S	O	R	L	X	Z	H	H	N	T	T	F	N	P
E	K	E	H	G	K	H	C	L	Z	O	X	O	G	V
K	R	Y	W	L	A	A	C	O	Y	M	I	T	U	C
T	O	T	P	D	E	N	L	R	M	I	R	S	I	O
R	T	A	T	F	Z	N	I	I	W	C	M	R	O	Y
O	A	T	E	H	T	H	S	S	S	S	D	E	N	M
N	S	J	W	W	I	T	I	T	C	C	B	U	X	O
M	Y	T	W	Y	H	U	W	B	O	H	H	A	B	L
O	L	G	E	W	I	C	H	T	C	F	S	S	N	E
R	A	E	L	K	U	N	V	X	I	K	F	A	C	K
Z	T	I	E	K	G	I	S	S	Ü	L	F	L	N	Ü
G	A	S	S	Ä	U	R	E	C	W	T	R	Z	D	L
O	K	P	K	W	A	S	S	E	R	S	T	O	F	F
T	E	M	P	E	R	A	T	U	R	Z	G	J	I	Q

SÄURE
ALKALISCH
ATOMIC
HITZE
KOHLENSTOFF
KATALYSATOR
CHLOR
ELEKTRON
ENZYM
GAS
WASSERSTOFF
ION
FLÜSSIGKEIT
MOLEKÜL
NUKLEAR
ORGANISCH
SAUERSTOFF
GEWICHT
SALZ
TEMPERATUR

54 - Api

G	I	X	F	D	K	Q	Z	J	A	E	T	I	R	L
E	A	M	L	C	L	W	E	N	N	O	S	N	C	E
S	B	R	O	K	N	E	N	E	I	B	W	S	B	B
S	H	A	T	F	J	T	K	M	X	D	G	E	W	E
E	O	W	L	E	M	H	C	U	A	R	F	K	A	N
N	N	H	A	T	N	E	L	L	O	P	R	T	C	S
S	I	C	F	Ü	I	Ö	F	B	V	R	U	A	H	R
Y	G	S	L	L	G	L	K	L	N	I	C	K	S	A
V	R	Z	E	B	I	U	H	O	Ü	E	H	O	I	U
O	Y	Q	I	U	N	P	S	G	S	G	T	D	J	M
V	D	A	V	F	Ö	Y	A	H	W	Y	E	W	H	O
Z	I	X	M	T	K	R	L	D	G	V	S	L	C	G
V	O	R	T	E	I	L	H	A	F	T	U	T	Y	Z
P	F	L	A	N	Z	E	N	W	G	H	N	O	E	I
P	I	Z	S	T	C	M	R	D	F	X	B	A	D	M

FLÜGEL
BIENENKORB
VORTEILHAFT
WACHS
ESSEN
VIELFALT
ÖKOSYSTEM
BLUMEN
BLÜTE
FRUCHT
RAUCH
GARTEN
LEBENSRAUM
INSEKT
HONIG
PFLANZEN
POLLEN
KÖNIGIN
SCHWARM
SONNE

55 - Strumenti Musicali

B	A	N	J	O	F	T	A	F	H	U	T	E	S	R
B	R	M	E	L	A	A	Y	K	L	A	C	S	M	F
A	X	B	Z	L	G	M	C	F	L	Ö	R	D	Z	X
L	C	U	P	E	O	B	O	C	R	A	T	F	S	O
D	N	S	Q	C	T	U	V	E	Q	B	V	E	E	M
Q	J	J	J	J	T	R	E	R	R	A	T	I	G	I
A	D	B	C	N	R	I	L	V	N	G	V	L	E	V
F	E	X	O	P	E	N	U	A	S	O	P	E	G	R
A	K	I	N	O	M	R	A	H	D	N	U	M	I	M
M	A	N	D	O	L	I	N	E	B	G	B	M	E	A
T	R	O	M	P	E	T	E	E	O	P	U	O	G	R
K	L	A	R	I	N	E	T	T	E	F	F	R	R	I
J	U	Y	F	F	L	T	W	T	U	L	Z	T	M	M
P	A	I	I	S	C	H	L	A	G	Z	E	U	G	B
S	A	X	O	P	H	O	N	N	B	Q	L	L	X	A

MUNDHARMONIKA
HARFE
BANJO
GITARRE
KLARINETTE
FAGOTT
FLÖTE
GONG
MANDOLINE
MARIMBA
OBOE
SCHLAGZEUG
KLAVIER
SAXOPHON
TAMBURIN
TROMMEL
TROMPETE
POSAUNE
GEIGE
CELLO

56 - Professioni #2

F	O	R	S	C	H	E	R	P	S	Z	A	I	P	V
F	I	D	D	J	B	Z	G	Y	A	O	B	N	H	R
A	S	T	R	O	N	A	U	T	O	O	I	G	I	A
R	D	J	E	S	Q	L	T	B	O	L	O	E	L	K
G	C	A	L	A	S	P	I	S	L	O	L	N	O	E
O	M	S	A	F	N	M	J	N	G	G	O	I	S	H
T	Q	A	M	Z	R	X	R	Q	G	E	G	E	O	T
O	H	E	R	F	I	N	D	E	R	U	E	U	P	O
F	C	L	E	H	R	E	R	J	K	E	I	R	H	I
F	S	H	E	R	M	I	T	T	L	E	R	S	M	L
P	T	S	I	L	A	N	R	U	O	J	W	Q	T	B
S	I	Z	G	R	O	T	A	R	T	S	U	L	L	I
W	T	L	U	Q	U	Z	A	H	N	A	R	Z	T	B
O	J	T	O	I	L	R	E	N	T	R	Ä	G	V	O
K	D	C	I	T	W	A	G	B	M	R	C	P	L	L

ASTRONAUT
BIBLIOTHEKAR
BIOLOGE
CHIRURG
ZAHNARZT
PHILOSOPH
FOTOGRAF
GÄRTNER
JOURNALIST
ILLUSTRATOR
INGENIEUR
LEHRER
ERFINDER
ERMITTLER
LINGUIST
ARZT
PILOT
MALER
FORSCHER
ZOOLOGE

57 - Letteratura

H	D	T	Q	Z	O	M	E	I	N	U	N	G	F	A
I	A	N	A	L	O	G	I	E	X	V	Y	S	M	N
T	R	A	G	Ö	D	I	E	F	B	E	R	V	E	E
S	T	I	L	S	X	F	I	R	E	R	N	N	T	K
E	E	R	J	D	R	M	J	O	S	G	E	I	A	D
K	I	T	I	R	K	S	E	M	C	L	I	Q	P	O
R	H	Y	T	H	M	U	S	A	H	E	Y	O	H	T
O	P	N	U	K	C	I	Y	N	R	I	O	K	E	E
T	A	L	W	G	E	I	L	X	E	C	Q	J	R	N
U	R	M	H	S	G	T	A	M	I	H	V	X	Z	D
A	G	R	E	V	H	E	N	A	B	M	B	H	Y	I
R	O	Q	R	H	F	K	A	F	U	H	A	J	P	A
E	I	X	N	D	T	E	M	G	N	G	F	U	J	L
I	B	G	E	D	I	C	H	T	G	Y	R	U	J	O
M	P	I	G	H	S	P	O	E	T	I	S	C	H	G

ANALYSE
ANALOGIE
ANEKDOTE
AUTOR
BIOGRAPHIE
VERGLEICH
KRITIK
BESCHREIBUNG
DIALOG
GENRE
METAPHER
MEINUNG
GEDICHT
POETISCH
REIM
RHYTHMUS
ROMAN
STIL
THEMA
TRAGÖDIE

58 - Cibo #2

S	L	D	Q	Q	V	F	K	R	H	E	L	S	X	J
I	E	T	A	M	O	T	Ä	O	K	A	Y	T	U	O
E	F	L	K	Z	K	Z	S	E	M	L	T	Y	L	G
R	P	R	L	N	T	I	E	M	O	Q	T	M	H	H
A	A	C	V	E	O	Y	W	W	E	I	Z	E	N	U
J	U	Q	H	B	R	N	L	I	J	E	Y	C	H	R
M	Z	B	U	U	B	I	U	Y	D	T	M	J	U	T
P	R	E	E	A	F	C	E	K	I	R	S	C	H	E
I	N	A	G	R	S	C	H	O	K	O	L	A	D	E
L	C	K	H	T	G	B	P	G	J	B	V	W	K	W
Z	K	X	E	I	V	I	W	F	I	S	C	H	P	K
W	S	L	M	A	Q	J	N	D	W	T	S	H	S	Q
G	W	B	I	Y	F	L	B	E	E	C	H	G	V	X
B	A	N	A	N	E	K	B	R	O	K	K	O	L	I
S	C	H	I	N	K	E	N	N	H	R	A	Y	U	L

BANANE
BROKKOLI
KIRSCHE
SCHOKOLADE
KÄSE
PILZ
WEIZEN
KIWI
APFEL
AUBERGINE
BROT
FISCH
HUHN
TOMATE
SCHINKEN
REIS
SELLERIE
EI
TRAUBE
JOGHURT

59 - Nutrizione

P	G	E	W	Ü	R	Z	E	F	A	F	V	G	Q	N
A	R	T	M	W	O	N	K	L	P	E	E	E	U	Ä
U	G	O	Y	C	U	F	A	Ü	P	R	R	S	A	H
S	E	V	T	R	A	B	S	S	E	M	D	U	L	R
G	S	I	H	E	S	S	O	S	T	E	A	N	I	S
E	U	T	C	T	I	G	L	I	I	N	U	D	T	T
W	N	A	I	T	P	N	Z	G	T	T	U	H	Ä	O
O	D	M	W	I	T	I	E	K	Ä	A	N	E	T	F
G	J	I	E	B	F	X	Q	E	I	T	G	I	Z	F
E	B	N	G	P	E	O	N	I	D	I	M	T	L	O
N	U	W	I	Q	J	T	N	T	K	O	D	M	F	T
K	A	L	O	R	I	E	N	E	F	N	L	R	S	Q
J	B	N	H	I	I	M	U	N	F	Z	R	C	J	B
K	O	H	L	E	N	H	Y	D	R	A	T	E	Z	P
W	O	G	E	R	X	C	A	R	U	V	M	D	Q	Z

BITTER
APPETIT
AUSGEWOGEN
KALORIEN
KOHLENHYDRATE
ESSBAR
DIÄT
VERDAUUNG
FERMENTATION
FLÜSSIGKEITEN

NÄHRSTOFF
GEWICHT
PROTEINE
QUALITÄT
SOSSE
GESUNDHEIT
GESUND
GEWÜRZE
TOXIN
VITAMIN

60 - Matematica

D	E	Z	I	M	A	L	P	C	L	O	W	H	T	B
Q	P	M	O	H	S	E	G	O	E	H	T	H	H	R
U	P	E	M	H	N	K	E	R	L	N	U	M	C	U
A	D	I	R	U	R	N	O	A	L	Y	B	I	E	C
D	L	R	J	A	S	I	M	D	A	Z	G	S	R	H
R	P	T	B	F	S	W	E	I	R	U	N	O	K	T
A	U	E	O	V	V	Q	T	U	A	V	U	Y	N	E
T	N	M	N	I	D	X	R	S	P	S	H	C	E	I
I	V	M	F	C	X	M	I	D	E	S	C	O	S	L
F	T	Y	Q	A	Y	S	E	K	C	E	I	E	R	D
X	F	S	Z	T	N	E	N	O	P	X	E	J	B	R
T	W	O	I	G	Z	G	P	G	V	G	L	K	M	X
A	R	I	T	H	M	E	T	I	K	U	G	X	M	Z
D	U	R	C	H	M	E	S	S	E	R	G	O	V	C
Q	A	P	T	Q	D	I	V	I	S	I	O	N	M	P

WINKEL
ARITHMETIK
DEZIMAL
DURCHMESSER
DIVISION
GLEICHUNG
EXPONENT
BRUCHTEIL
GEOMETRIE

PARALLEL
UMFANG
SENKRECHT
POLYGON
QUADRAT
RADIUS
SYMMETRIE
SUMME
DREIECK

61 - Meditazione

M	O	V	B	E	W	E	G	U	N	G	W	R	X	M
U	A	E	X	G	N	U	T	L	A	H	A	F	L	I
I	R	R	Z	E	B	K	Y	I	P	F	C	M	K	T
G	G	S	H	D	S	P	T	L	N	Y	H	U	D	G
L	E	T	A	A	F	R	I	E	D	E	N	S	U	E
Ü	I	A	T	N	F	T	E	S	L	T	Y	I	X	F
C	S	N	M	K	C	K	H	A	T	E	R	K	D	Ü
K	T	D	U	E	V	I	R	V	N	I	H	C	K	H
S	I	V	N	N	F	I	A	J	N	N	L	R	M	L
I	G	W	G	I	Q	B	L	L	A	C	A	L	E	Z
Y	Y	I	Y	F	Z	K	K	W	T	E	C	H	E	U
V	D	U	M	Y	V	G	I	H	U	R	D	J	M	U
E	I	N	B	L	I	C	K	Q	R	I	H	C	I	E
D	A	N	K	B	A	R	K	E	I	T	R	R	I	Y
P	E	R	S	P	E	K	T	I	V	E	I	I	N	Q

ANNAHME
RUHIG
KLARHEIT
MITGEFÜHL
GLÜCK
DANKBARKEIT
LEHRE
EINBLICK
GEISTIG
VERSTAND
BEWEGUNG
MUSIK
NATUR
FRIEDEN
GEDANKEN
HALTUNG
PERSPEKTIVE
ATMUNG
STILLE
WACH

62 - Elettricità

A	L	H	P	E	U	A	U	Q	Y	N	Y	U	D	P
E	U	C	N	N	G	A	C	H	C	E	N	F	U	T
L	V	S	X	B	E	P	M	A	L	G	D	Z	A	E
E	E	I	R	E	T	T	A	B	K	A	B	X	D	L
K	T	R	J	Ü	S	I	Z	Y	X	T	Q	V	X	E
T	K	T	M	U	S	E	F	W	V	I	B	N	L	F
R	E	K	Y	N	F	T	M	Q	E	V	Z	R	A	O
I	J	E	V	V	U	H	U	E	F	R	H	G	G	N
K	B	L	I	G	S	Ä	X	N	N	U	K	L	E	M
E	O	E	T	L	X	R	I	K	G	G	X	A	R	A
R	X	S	I	V	E	D	I	M	O	N	E	S	U	G
K	P	D	S	T	E	C	K	D	O	S	E	E	N	N
A	T	R	O	T	A	R	E	N	E	G	R	R	G	E
B	K	V	P	F	E	R	N	S	E	H	E	N	T	T
Z	Z	O	C	K	A	B	E	L	B	R	L	O	G	M

AUSRÜSTUNG
BATTERIE
KABEL
LAGERUNG
ELEKTRIKER
ELEKTRISCH
DRÄHTE
GENERATOR
LAMPE
LASER
MAGNET
NEGATIV
OBJEKTE
POSITIV
STECKDOSE
MENGE
NETZWERK
TELEFON
FERNSEHEN

63 - Antiquariato

Q	D	N	A	T	S	U	Z	N	M	U	Q	P	E	P
N	E	Z	G	U	M	G	B	Q	Ü	C	U	I	O	J
E	X	Z	N	D	T	J	R	X	N	K	A	U	D	A
N	N	R	U	Z	E	H	U	T	Z	T	L	O	U	H
A	O	L	R	Y	F	K	E	F	E	A	I	P	C	R
E	I	R	E	L	A	G	O	N	N	L	T	R	K	H
B	T	M	G	R	L	J	S	R	T	T	Ä	E	S	U
R	I	L	I	T	S	T	C	K	A	I	T	I	X	N
U	T	E	E	K	U	N	S	T	M	T	S	S	A	D
T	S	B	T	N	A	G	E	L	E	W	I	C	E	E
P	E	Ö	S	S	A	M	M	L	E	R	E	V	H	R
L	V	M	R	J	T	M	L	E	K	I	T	R	A	T
U	N	G	E	W	Ö	H	N	L	I	C	H	Q	T	L
K	I	I	V	J	Y	F	N	V	F	C	Q	H	V	H
S	U	H	G	K	C	Z	R	W	K	H	G	V	L	V

- KUNST
- ARTIKEL
- VERSTEIGERUNG
- AUTHENTISCH
- SAMMLER
- ZUSTAND
- DEKORATIV
- ELEGANT
- GALERIE
- UNGEWÖHNLICH
- INVESTITION
- MÖBEL
- MÜNZEN
- PREIS
- QUALITÄT
- SKULPTUR
- JAHRHUNDERT
- STIL
- WERT
- ALT

64 - Escursionismo

V	C	A	M	P	I	N	G	M	K	B	P	I	M	K
I	O	C	S	Y	V	Z	E	Z	D	Z	L	C	Ü	L
S	K	R	A	P	C	K	D	O	L	E	D	Q	D	I
K	O	E	B	T	X	G	L	J	H	D	U	L	E	M
M	R	R	L	E	F	E	I	T	S	C	A	P	K	A
G	I	H	S	P	R	Y	W	Y	J	R	U	T	A	N
E	E	Ü	C	P	W	E	C	J	C	B	D	I	G	L
F	N	F	H	I	H	A	I	S	F	E	J	E	I	M
A	T	M	W	L	S	P	S	T	J	R	Z	R	P	J
H	I	G	E	K	T	J	C	S	U	G	K	E	F	C
R	E	J	R	B	E	M	E	J	E	N	X	I	E	O
E	R	Z	P	V	I	P	T	D	N	R	G	S	L	R
N	U	M	O	Z	N	S	O	N	N	E	P	O	Q	E
R	N	N	W	F	E	K	A	R	T	E	G	H	E	J
F	G	D	Q	Z	L	W	X	S	O	T	E	O	T	Y

WASSER
TIERE
CAMPING
KLIMA
FÜHRER
KARTE
BERG
NATUR
ORIENTIERUNG
PARKS
GEFAHREN
SCHWER
STEINE
VORBEREITUNG
KLIPPE
WILD
SONNE
MÜDE
STIEFEL
GIPFEL

65 - Professioni #1

B	R	P	T	U	A	T	I	E	R	A	R	Z	T	W
O	E	S	Ä	J	H	P	A	R	G	O	T	R	A	K
T	C	Y	N	U	J	Y	O	G	L	A	Z	A	I	K
S	H	C	Z	W	T	M	K	T	B	A	R	J	A	Ü
C	T	H	E	X	F	Y	E	L	H	R	A	Z	V	N
H	S	O	R	E	X	D	D	S	E	E	G	V	F	S
A	A	L	P	I	A	N	I	S	T	M	K	D	Z	T
F	N	O	R	G	R	O	T	I	D	E	P	E	G	L
T	W	G	E	E	E	P	A	B	F	M	D	N	R	E
E	A	E	K	O	I	T	R	A	I	N	E	R	E	R
R	L	Z	I	L	L	K	A	Y	H	C	X	M	S	R
M	T	O	S	O	E	G	N	N	A	M	E	E	S	E
G	C	V	U	G	W	M	E	A	Z	Z	A	S	F	G
G	S	Y	M	E	U	X	G	J	B	Z	W	B	C	Ä
A	S	M	A	E	J	A	S	T	R	O	N	O	M	J

TRAINER
BOTSCHAFTER
KÜNSTLER
ASTRONOM
RECHTSANWALT
TÄNZER
BANKIER
JÄGER
KARTOGRAPH
EDITOR
APOTHEKER
GEOLOGE
JUWELIER
KLEMPNER
SEEMANN
ARZT
MUSIKER
PIANIST
PSYCHOLOGE
TIERARZT

66 - Antartide

G	W	O	L	K	E	N	L	E	L	V	N	K	F	M
E	L	A	W	V	U	V	P	B	Y	Y	Y	L	O	I
X	E	E	L	E	D	E	C	R	J	E	I	S	R	G
P	R	U	T	A	R	E	P	M	E	T	V	U	S	R
L	H	Z	L	S	K	F	P	T	F	N	W	B	C	A
O	J	A	E	R	C	D	D	U	M	E	T	D	H	T
R	T	C	W	J	C	H	A	N	Z	N	L	C	E	I
A	R	S	M	T	Q	G	E	K	S	I	E	S	R	O
T	H	C	U	B	Z	U	H	R	H	T	S	I	I	N
I	E	R	H	A	L	T	U	N	G	N	N	W	X	G
O	I	N	S	E	L	N	C	A	I	O	I	I	Y	T
N	W	A	S	S	E	R	W	J	F	K	B	E	G	O
M	I	N	E	R	A	L	I	E	N	Z	L	S	N	G
G	E	O	G	R	A	P	H	I	E	S	A	K	S	S
E	X	P	E	D	I	T	I	O	N	J	H	E	S	J

WASSER
UMWELT
BUCHT
WALE
ERHALTUNG
KONTINENT
EXPLORATION
GEOGRAPHIE
GLETSCHER
EIS
INSELN
MIGRATION
MINERALIEN
WOLKEN
HALBINSEL
FORSCHER
FELSIG
EXPEDITION
TEMPERATUR

67 - Libri

M	G	S	T	P	C	M	E	T	H	R	A	R	G	V
T	E	I	S	E	O	P	R	R	U	E	B	E	G	X
G	S	T	F	H	D	Q	Z	A	M	H	E	L	C	Q
E	C	C	N	C	U	X	Ä	G	O	C	N	E	V	C
S	H	S	O	S	A	Q	H	I	R	S	T	V	Z	N
C	R	L	I	I	L	E	L	S	V	I	E	A	R	G
H	I	A	T	R	I	J	E	C	O	R	U	N	Y	P
I	E	U	K	O	T	I	R	H	L	E	E	T	S	E
C	B	T	E	T	Ä	T	S	C	L	D	R	P	K	P
H	E	O	L	S	T	X	H	B	H	N	E	G	C	I
T	N	R	L	I	T	E	R	A	R	I	S	C	H	S
E	D	H	O	H	E	T	I	E	S	F	E	F	S	C
G	D	E	K	I	P	N	V	R	D	R	L	A	A	H
T	X	X	N	A	M	O	R	H	E	E	A	F	J	M
R	K	B	R	M	W	K	X	Y	O	S	I	R	J	E

AUTOR
ABENTEUER
KOLLEKTION
KONTEXT
DUALITÄT
EPISCH
ERFINDERISCH
LITERARISCH
LESER
ERZÄHLER
SEITE
POESIE
RELEVANT
ROMAN
GESCHRIEBEN
SERIE
GESCHICHTE
HISTORISCH
TRAGISCH
HUMORVOLL

68 - Geografia

W	P	A	M	X	Z	K	Z	Q	L	S	R	M	G	O
T	E	I	B	E	G	O	I	T	Y	N	R	M	K	X
A	R	S	H	L	E	S	N	I	K	C	E	X	Z	I
P	Ä	O	T	A	B	R	P	U	K	A	F	A	N	J
H	H	H	L	N	R	D	T	O	R	M	Y	H	J	B
V	P	Ö	E	D	B	E	W	S	G	A	C	N	K	F
Q	S	H	W	T	V	O	G	R	E	B	C	N	O	W
U	I	E	K	A	R	T	E	I	C	Y	T	O	N	K
T	M	S	Ü	D	E	N	N	V	O	E	G	R	T	C
X	E	S	B	R	E	I	T	E	I	N	L	D	I	Y
R	H	U	C	N	A	I	D	I	R	E	M	E	N	U
N	I	L	D	A	H	C	A	T	L	A	S	N	E	A
B	O	F	I	N	D	O	T	C	X	B	X	K	N	A
U	W	H	J	S	N	P	S	V	T	T	W	Y	T	O
F	U	L	Ä	N	G	E	N	G	R	A	D	V	K	K

HÖHE
ATLAS
STADT
KONTINENT
HEMISPHÄRE
FLUSS
INSEL
BREITE
LÄNGENGRAD
KARTE
MEER
MERIDIAN
WELT
BERG
NORDEN
WEST
LAND
REGION
SÜDEN
GEBIET

69 - Cibo #1

R	S	F	Y	B	T	U	B	C	B	E	Z	N	I	M
X	L	W	L	I	D	R	A	N	S	B	W	E	H	Y
O	A	P	G	R	Z	S	S	P	H	Ü	I	H	C	V
G	X	E	K	N	A	W	I	C	C	R	E	C	S	Q
J	D	R	Y	E	H	D	L	K	U	B	B	U	I	D
F	L	E	I	S	C	H	I	S	A	P	E	K	F	V
D	J	E	B	M	L	Z	K	A	L	R	L	V	N	T
C	G	B	K	W	I	I	U	L	B	E	O	Y	U	S
Z	A	D	O	T	M	T	M	Z	O	K	A	T	H	U
G	E	R	S	T	E	R	S	B	N	C	D	F	T	H
I	W	E	I	A	G	O	W	A	K	U	W	A	A	E
Z	I	M	T	N	L	N	U	F	L	Z	M	S	M	F
L	O	S	G	I	T	E	K	I	L	A	A	P	B	U
L	B	V	F	P	H	V	X	U	R	L	T	K	S	X
Z	G	V	J	S	E	F	D	Z	O	E	A	R	H	R

KNOBLAUCH
BASILIKUM
ZIMT
FLEISCH
KAROTTE
ZWIEBEL
ERDBEERE
SALAT
MILCH
ZITRONE
MINZE
GERSTE
BIRNE
RÜBE
SALZ
SPINAT
SAFT
THUNFISCH
KUCHEN
ZUCKER

70 - Aeroplani

B	A	C	L	N	E	R	E	I	G	I	V	A	N	Y
Y	B	E	G	E	C	A	A	D	E	H	Ö	H	G	M
B	E	F	F	O	T	S	R	E	S	S	A	W	I	E
R	N	W	D	G	N	U	T	H	C	I	R	E	S	R
E	T	M	M	P	O	E	R	H	H	M	P	Z	E	Ä
N	E	Q	Z	Q	L	I	Y	M	I	O	Z	O	D	H
N	U	A	N	P	L	W	A	C	C	T	O	L	I	P
S	E	R	B	W	A	K	T	R	H	O	Q	P	M	S
T	R	M	L	S	B	S	Z	E	T	R	D	Q	H	O
O	L	I	E	A	T	Q	S	W	E	J	U	A	I	M
F	U	F	M	E	N	I	I	A	X	V	Q	L	R	T
F	F	C	M	R	Q	D	E	U	G	R	Z	R	D	A
M	T	D	I	V	V	N	U	G	V	I	M	Z	X	D
A	W	J	H	I	T	S	Z	N	Z	R	E	N	X	L
T	U	R	B	U	L	E	N	Z	G	U	T	R	O	R

HÖHE
LUFT
ATMOSPHÄRE
LANDUNG
ABENTEUER
BRENNSTOFF
HIMMEL
DESIGN
RICHTUNG
ABSTIEG
CREW
WASSERSTOFF
MOTOR
NAVIGIEREN
BALLON
PASSAGIER
PILOT
GESCHICHTE
TURBULENZ

71 - Governo

V	Y	P	W	O	Q	U	R	O	G	T	A	A	B	F
E	E	Y	L	R	V	C	Q	N	O	I	T	A	N	R
U	T	R	P	O	L	I	T	I	K	E	J	L	I	E
J	Y	X	F	G	I	I	L	A	M	K	N	E	D	I
T	U	U	T	A	A	T	S	J	N	G	T	E	Y	H
P	Y	N	O	I	S	S	U	K	S	I	D	R	R	E
Z	T	E	S	E	G	S	L	I	G	T	S	E	N	I
F	Ü	H	R	E	R	L	U	W	J	H	I	D	A	T
U	S	S	C	N	H	D	X	N	I	C	W	E	T	R
U	D	K	Y	A	D	T	Z	C	G	E	X	Z	I	E
C	U	U	E	M	M	A	C	Y	K	R	T	O	O	C
H	C	R	M	V	B	K	R	I	Z	E	B	K	N	H
E	I	T	A	R	K	O	M	E	D	G	C	O	A	T
R	W	Y	F	X	C	G	L	I	V	I	Z	J	L	E
M	M	C	G	J	U	S	T	I	Z	I	E	L	L	I

FÜHRER
ZIVIL
VERFASSUNG
DEMOKRATIE
RECHTE
REDE
DISKUSSION
JUSTIZIELL
GERECHTIGKEIT
GESETZ
FREIHEIT
DENKMAL
NATIONAL
NATION
POLITIK
MACHT
BEZIRK
SYMBOL
STAAT

72 - Colori

S	D	X	S	S	I	E	W	M	A	S	O	R	M	F
E	M	E	N	S	N	K	B	A	Z	L	J	R	K	U
P	Y	F	Q	O	D	C	G	G	U	A	R	G	G	Z
I	G	X	Z	Q	I	K	V	E	R	R	U	A	L	B
A	Q	M	A	X	G	C	C	N	B	A	P	P	B	N
B	E	I	G	E	O	F	O	T	L	A	R	Q	U	R
Z	Y	G	L	I	L	A	U	A	A	L	U	R	P	Q
Y	E	X	N	S	C	G	C	C	U	G	P	R	F	Q
A	S	F	U	A	R	M	E	R	H	U	B	N	B	L
N	C	J	A	Z	R	T	X	L	U	S	C	V	D	G
Z	H	B	R	F	Q	O	J	R	B	B	I	V	K	T
U	W	J	B	D	F	R	D	V	N	Y	F	E	M	L
Z	A	J	V	I	G	R	Ü	N	A	H	X	K	F	H
E	R	R	F	Y	D	A	Q	A	Q	R	P	O	H	D
Q	Z	F	Y	H	W	M	M	N	E	B	A	Q	D	J

ORANGE
AZURBLAU
BEIGE
WEISS
BLAU
ZYAN
PURPUR
FUCHSIE
GELB
GRAU
INDIGO
MAGENTA
BRAUN
SCHWARZ
ROSA
ROT
SEPIA
GRÜN
LILA

73 - Bellezza

E	B	R	A	F	U	J	D	H	F	I	Z	X	D	L
L	L	P	B	V	W	M	K	T	L	P	N	H	B	I
Ö	E	E	R	E	H	C	S	Y	X	N	A	A	B	P
C	G	H	G	O	O	P	M	A	H	S	G	P	L	P
Z	E	C	L	A	D	C	H	A	R	M	E	H	U	E
U	I	S	Z	N	N	U	B	A	X	V	L	J	Z	N
W	P	U	K	O	M	T	K	Z	N	I	E	S	F	S
V	S	T	O	J	K	U	O	T	I	M	W	X	O	T
D	P	N	S	N	V	A	N	S	E	L	U	A	T	I
U	R	R	M	G	P	H	L	I	W	G	A	T	O	F
F	V	E	E	U	N	Y	O	L	P	V	Z	E	G	T
T	P	P	T	A	Z	S	C	Y	X	X	V	K	E	E
O	X	M	I	E	Y	H	K	T	P	K	I	E	N	G
I	N	I	K	A	E	W	E	S	X	G	Y	K	J	X
W	N	W	W	P	S	M	N	G	L	A	T	T	X	L

FARBE
KOSMETIK
ELEGANT
ELEGANZ
CHARME
SCHERE
FOTOGEN
DUFT
ANMUT
GLATT

WIMPERNTUSCHE
ÖLE
HAUT
PRODUKTE
LOCKEN
LIPPENSTIFT
SHAMPOO
SPIEGEL
STYLIST

74 - Avventura

P	Q	W	P	F	K	R	B	A	H	Z	J	Q	Y	P
F	B	E	J	R	T	I	E	H	R	E	H	C	I	S
H	R	K	X	S	W	Z	G	U	L	F	S	U	A	Z
Y	L	E	I	Z	T	I	E	K	R	E	F	P	A	T
S	W	C	U	Q	H	C	I	L	R	H	Ä	F	E	G
K	I	N	E	N	Z	I	S	B	M	G	G	M	L	R
H	C	A	C	H	D	K	T	H	X	X	S	U	D	E
R	K	H	I	D	S	E	E	D	U	E	R	F	S	I
M	O	C	N	F	X	Z	R	U	T	A	N	E	U	S
D	K	U	S	M	G	U	U	B	O	O	T	E	C	E
I	Z	D	T	I	E	H	N	Ö	H	C	S	E	T	N
G	W	A	W	E	I	G	G	G	T	P	H	O	I	A
A	R	N	V	O	R	B	E	R	E	I	T	U	N	G
S	C	H	W	I	E	R	I	G	K	E	I	T	I	Y
U	N	G	E	W	Ö	H	N	L	I	C	H	V	L	Z

FREUNDE
SCHÖNHEIT
CHANCE
TAPFERKEIT
ZIEL
SCHWIERIGKEIT
BEGEISTERUNG
AUSFLUG
FREUDE
UNGEWÖHNLICH
ROUTE
NATUR
NEU
GEFÄHRLICH
VORBEREITUNG
SICHERHEIT
REISEN

75 - Forme

R	D	B	E	P	N	A	N	X	C	E	F	Z	F	Y
E	V	S	L	Y	O	Q	X	F	D	T	H	S	Y	T
C	I	N	T	T	U	L	E	B	R	E	P	Y	H	J
H	T	O	A	O	L	A	Y	E	L	L	I	P	S	E
T	A	P	A	W	W	E	M	G	E	J	Z	Q	U	V
E	R	E	D	N	I	L	Y	Z	O	C	M	C	Y	Q
C	D	B	B	W	Ü	R	F	E	L	N	K	U	P	U
K	A	K	U	R	V	E	I	B	Z	X	V	E	Y	P
K	U	G	E	L	L	S	U	I	N	P	L	G	R	R
C	Q	X	O	E	H	I	S	E	I	T	E	K	A	I
E	O	S	V	G	Q	E	N	E	T	N	A	K	M	S
I	V	I	A	E	P	R	E	I	J	J	M	Y	I	M
E	R	Q	L	K	K	K	G	X	E	V	U	A	D	A
R	W	E	X	E	M	X	O	T	L	V	P	Y	E	L
D	J	S	H	O	V	H	B	P	A	S	H	P	B	P

ECKE
BOGEN
KANTEN
KREIS
ZYLINDER
KEGEL
WÜRFEL
KURVE
ELLIPSE
HYPERBEL

SEITE
LINIE
OVAL
PYRAMIDE
POLYGON
PRISMA
QUADRAT
RECHTECK
KUGEL
DREIECK

76 - Oceano

B	S	Q	E	R	H	N	U	G	O	B	U	X	G	T
O	S	C	W	V	J	K	K	N	A	L	Q	J	N	A
O	C	K	H	K	R	A	K	E	R	R	V	A	S	J
T	H	U	Q	W	M	M	P	Q	E	S	N	N	N	V
L	I	Y	I	F	A	U	S	H	T	K	I	E	E	E
O	L	N	W	A	L	M	H	C	S	I	F	T	L	B
M	D	Y	O	Q	A	K	M	S	U	A	L	I	L	E
M	K	Q	C	K	A	H	Z	I	A	H	E	E	E	L
Z	R	R	P	O	Y	D	C	F	U	L	D	Z	W	L
H	Ö	I	J	R	W	O	S	N	O	T	Z	E	C	A
H	T	G	V	A	M	U	L	U	J	M	G	G	F	U
X	E	K	A	L	C	Q	N	H	W	Q	W	I	F	Q
E	J	X	X	L	E	R	B	T	Z	O	A	D	I	P
Q	F	J	L	E	B	B	A	R	K	S	T	U	R	M
U	K	Z	J	F	S	K	U	B	I	L	R	I	R	A

AAL
WAL
BOOT
KORALLE
DELFIN
GARNELE
KRABBE
GEZEITEN
QUALLE
WELLEN
AUSTER
FISCH
KRAKE
SALZ
RIFF
SCHWAMM
HAI
SCHILDKRÖTE
STURM
THUNFISCH

77 - Famiglia

R	H	A	F	R	O	V	R	E	T	T	E	V	K	A
K	C	S	M	E	O	J	H	Z	H	R	Z	C	Q	L
G	I	D	N	H	H	C	I	L	R	E	T	Ä	V	A
U	L	N	X	T	R	W	H	N	E	D	M	F	I	G
A	R	R	D	N	I	K	G	I	K	U	T	A	B	E
R	E	T	S	E	W	H	C	S	S	R	Y	N	N	C
F	T	W	X	F	R	E	T	A	V	B	B	E	D	N
E	T	N	Q	F	E	T	A	N	T	E	K	E	B	I
H	Ü	J	R	E	T	H	C	O	T	J	I	N	F	R
E	M	Y	W	N	T	F	N	G	P	J	N	K	L	G
E	C	K	P	V	U	F	B	Y	T	Z	D	E	N	B
I	C	D	N	Y	M	Q	E	T	A	L	H	L	H	R
G	R	O	S	S	M	U	T	T	E	R	E	S	T	G
G	R	O	S	S	V	A	T	E	R	X	I	T	P	S
O	N	K	E	L	O	S	G	E	U	Z	T	E	I	T

VORFAHR
KINDER
KIND
VETTER
TOCHTER
BRUDER
KINDHEIT
MUTTER
EHEMANN
MÜTTERLICH
EHEFRAU
NEFFE
ENKEL
GROSSMUTTER
GROSSVATER
VATER
VÄTERLICH
SCHWESTER
TANTE
ONKEL

78 - Creatività

A	U	T	H	E	N	T	I	Z	I	T	Ä	T	O	K
E	I	S	A	T	N	A	H	P	S	Q	N	S	J	B
K	I	U	R	B	I	L	D	B	T	M	O	P	K	W
K	L	N	E	R	F	I	N	D	E	R	I	S	C	H
T	Ü	A	D	S	P	O	N	T	A	N	T	K	U	I
I	N	N	R	R	V	I	O	E	C	M	I	D	R	K
E	K	U	S	H	U	T	A	U	K	R	U	R	D	X
K	V	R	J	T	E	C	O	X	W	K	T	B	S	S
G	O	L	P	B	L	I	K	L	S	R	N	P	U	K
I	D	E	E	N	I	E	T	K	E	P	I	B	A	X
H	X	U	C	D	U	F	R	G	E	F	Ü	H	L	E
Ä	D	U	W	G	T	Ä	T	I	S	N	E	T	N	I
F	U	U	N	N	O	I	T	A	S	N	E	S	B	P
V	I	S	I	O	N	E	N	Z	R	C	S	L	W	I
F	L	Ü	S	S	I	G	K	E	I	T	H	W	M	A

FÄHIGKEIT
KÜNSTLERISCH
AUTHENTIZITÄT
KLARHEIT
AUSDRUCK
FLÜSSIGKEIT
IDEEN
PHANTASIE
BILD
EINDRUCK
INTENSITÄT
INTUITION
ERFINDERISCH
SENSATION
GEFÜHLE
SPONTAN
VISIONEN

79 - Veicoli

F	B	V	R	O	T	K	A	R	T	R	P	P	N	K
L	P	A	E	R	H	Ä	F	E	D	O	Z	U	G	R
U	E	U	I	T	S	J	T	B	K	L	P	Q	J	A
G	K	T	F	C	A	B	X	U	V	L	C	V	H	N
Z	R	O	E	V	K	X	Q	A	J	E	W	H	K	K
E	W	B	N	W	C	Z	I	R	E	R	B	I	M	E
U	S	H	H	B	R	S	X	H	D	W	E	Y	D	N
G	S	U	A	B	O	N	R	C	Q	O	T	Y	O	W
U	O	B	B	S	T	O	O	S	J	H	I	M	P	A
F	L	O	U	D	O	Q	T	B	W	N	L	K	W	G
G	F	O	P	L	M	W	Z	U	S	W	E	H	S	E
R	U	T	M	Y	A	C	G	H	C	A	O	M	H	N
F	A	H	R	R	A	D	Q	B	P	G	I	U	X	U
R	A	K	E	T	E	H	X	Q	J	E	X	X	Y	K
H	I	A	X	F	L	Z	N	A	A	N	G	L	J	X

FLUGZEUG
KRANKENWAGEN
AUTO
BUS
BOOT
FAHRRAD
LKW
WOHNWAGEN
HUBSCHRAUBER
U-BAHN
MOTOR
REIFEN
RAKETE
ROLLER
U-BOOT
TAXI
FÄHRE
TRAKTOR
ZUG
FLOSS

80 - Emozioni

A	L	M	A	L	I	V	S	C	F	K	D	I	Q	I
O	V	X	J	R	N	C	Y	K	R	U	I	Y	R	Y
L	G	V	I	U	H	F	M	H	I	W	O	O	D	L
F	L	D	J	H	A	F	P	G	E	B	E	I	L	L
D	P	R	R	I	L	B	A	K	D	V	X	L	Y	Z
E	A	D	U	G	T	Z	T	G	E	V	U	O	S	U
D	H	N	Z	H	K	N	H	G	N	Q	U	E	E	F
Q	N	N	K	I	E	Z	I	F	R	E	U	D	E	R
V	C	L	H	B	T	G	E	R	E	G	F	U	A	I
A	N	G	S	T	A	Q	I	R	V	I	M	L	Y	E
N	E	H	C	S	A	R	R	E	B	Ü	L	C	A	D
I	V	O	Y	W	U	T	M	Ä	H	C	S	E	B	E
Z	Ä	R	T	L	I	C	H	K	E	I	T	N	R	N
Y	Q	I	L	A	N	G	E	W	E	I	L	E	R	N
E	N	T	S	P	A	N	N	T	C	X	O	C	S	W

LIEBE
RUHIG
INHALT
AUFGEREGT
FREUDE
DANKBAR
BESCHÄMT
LANGEWEILE
FRIEDEN

ANGST
WUT
ENTSPANNT
RELIEF
SYMPATHIE
ZUFRIEDEN
ÜBERRASCHEN
ZÄRTLICHKEIT
RUHE

81 - Natura

V	T	G	L	E	T	S	C	H	E	R	Q	T	H	R
M	I	W	W	O	L	K	E	N	W	O	O	R	E	P
U	E	A	A	C	Q	U	D	B	E	B	C	O	I	D
S	R	C	M	L	N	N	D	F	R	K	A	P	L	T
H	E	G	M	B	D	E	K	D	D	T	Q	I	I	K
H	B	R	L	I	L	S	E	A	N	Q	A	S	G	F
X	E	I	T	X	E	R	O	S	I	O	N	C	T	S
V	T	I	Z	O	B	U	A	L	X	K	R	H	U	W
M	S	A	T	I	E	H	N	Ö	H	C	S	R	M	I
N	Ü	R	U	E	N	J	E	D	J	P	W	D	K	L
T	W	K	H	G	R	D	N	L	F	E	W	B	C	D
T	Z	T	C	R	R	D	E	K	L	K	B	R	T	H
O	E	I	S	E	O	V	I	C	U	X	U	L	A	C
P	X	S	S	B	W	U	B	M	S	Y	B	V	U	H
D	Y	N	A	M	I	S	C	H	S	V	J	Q	E	O

TIERE
BIENEN
ARKTIS
SCHÖNHEIT
WÜSTE
DYNAMISCH
EROSION
FLUSS
LAUB
WALD
GLETSCHER
BERGE
NEBEL
WOLKEN
SCHUTZ
HEILIGTUM
WILD
HEITER
TROPISCH

82 - Balletto

T	E	M	L	T	R	D	E	Y	M	X	K	H	K	A
E	Q	U	T	T	T	E	Z	T	I	P	E	U	O	P
C	R	K	M	R	C	Z	T	E	L	W	I	X	M	P
H	S	I	X	A	R	P	Ä	S	Q	S	H	F	P	L
N	R	L	I	T	S	C	T	Z	E	V	P	Ä	O	A
I	A	B	E	K	H	L	I	S	K	G	A	H	N	U
K	O	U	V	L	E	K	S	U	M	D	R	I	I	S
W	F	P	H	A	I	I	N	M	Y	U	G	G	S	A
R	J	V	R	E	T	S	E	H	C	R	O	K	T	N
E	V	T	X	O	K	U	T	T	P	X	E	E	V	M
G	X	Z	V	W	B	M	N	Y	D	Y	R	I	T	U
T	Ä	N	Z	E	R	E	I	H	Y	K	O	T	R	T
D	O	Y	K	B	E	O	B	R	O	S	H	Y	Z	I
B	A	L	L	E	R	I	N	A	V	H	C	K	Y	G
A	U	S	D	R	U	C	K	S	V	O	L	L	Q	Y

FÄHIGKEIT
APPLAUS
BALLERINA
TÄNZER
KOMPONIST
CHOREOGRAPHIE
AUSDRUCKSVOLL
GESTE
ANMUTIG
INTENSITÄT
MUSKEL
MUSIK
ORCHESTER
PRAXIS
PROBE
PUBLIKUM
RHYTHMUS
STIL
TECHNIK

83 - Paesi #1

K	Y	N	M	K	S	A	P	A	V	M	O	J	H	D
A	N	D	O	J	N	P	L	L	E	A	R	S	I	E
N	G	J	J	R	R	K	A	O	S	L	C	E	Z	U
A	X	P	B	K	W	L	U	N	O	I	V	N	Q	T
D	F	O	N	P	Ä	E	L	W	I	J	G	E	Z	S
A	J	J	X	U	V	G	G	V	F	E	D	G	J	C
D	K	S	Y	N	A	S	Y	E	I	Q	N	A	C	H
F	I	N	N	L	A	N	D	P	N	I	N	L	I	L
V	E	N	E	Z	U	E	L	A	T	N	E	M	N	A
K	A	M	B	O	D	S	C	H	A	E	I	A	D	N
P	M	A	N	T	E	I	V	Y	M	Y	N	R	I	D
O	A	N	E	I	L	I	S	A	R	B	Ä	O	E	V
L	N	I	W	Y	J	R	C	K	M	I	M	K	N	T
E	A	S	H	T	J	A	Z	R	P	L	U	K	T	S
N	P	C	J	W	J	K	T	N	Y	C	R	O	N	S

BRASILIEN
KAMBODSCHA
KANADA
ÄGYPTEN
FINNLAND
DEUTSCHLAND
INDIEN
IRAK
ISRAEL
LIBYEN

MALI
MAROKKO
NORWEGEN
PANAMA
POLEN
RUMÄNIEN
SENEGAL
SPANIEN
VENEZUELA
VIETNAM

84 - Geometria

D	R	E	I	E	C	K	N	M	G	G	B	O	P	G
Y	D	V	Q	G	W	B	B	E	W	D	E	B	W	L
F	I	R	J	V	A	W	X	D	P	M	R	E	L	E
Q	X	U	G	N	J	G	V	I	S	I	E	R	K	I
N	J	K	K	M	L	L	H	A	V	B	C	F	C	C
D	A	A	I	B	K	I	O	N	E	R	H	L	J	H
I	O	A	O	J	K	T	I	G	B	N	N	Ä	K	U
N	H	L	G	U	E	Y	N	H	I	R	U	C	P	N
S	Y	M	M	E	T	R	I	E	N	K	N	H	E	G
D	I	M	E	N	S	I	O	N	M	U	G	E	I	E
H	O	R	I	Z	O	N	T	A	L	G	M	H	R	G
D	U	R	C	H	M	E	S	S	E	R	E	M	O	J
W	I	N	K	E	L	H	K	X	P	T	B	S	E	Y
B	Y	F	Q	C	S	Ö	A	N	T	E	I	L	H	R
N	P	C	C	E	X	H	F	W	X	K	R	S	T	O

HÖHE
WINKEL
BERECHNUNG
KREIS
KURVE
DURCHMESSER
DIMENSION
GLEICHUNG
LOGIK

MEDIAN
NUMMER
HORIZONTAL
ANTEIL
SEGMENT
SYMMETRIE
OBERFLÄCHE
THEORIE
DREIECK

85 - Edifici

I	W	W	L	S	S	N	H	A	S	L	K	H	B	W
M	E	P	A	S	C	C	O	V	K	I	R	B	A	F
J	N	B	B	T	Z	H	H	R	W	C	A	K	L	U
Z	U	C	O	A	Z	L	L	U	I	L	N	S	P	N
T	E	M	R	D	E	F	E	O	L	U	K	C	N	I
F	H	U	K	I	L	Y	T	N	S	E	E	D	Z	V
A	C	E	D	O	T	K	O	I	A	S	N	Z	B	E
H	S	S	A	N	R	N	H	K	R	X	H	E	V	R
C	F	U	C	T	X	L	V	C	H	T	A	G	C	S
S	N	M	T	I	E	N	I	B	A	K	U	R	X	I
T	K	R	Y	G	X	R	V	A	Q	E	S	E	C	T
O	M	U	I	R	O	T	A	V	R	E	S	B	O	Ä
B	T	T	N	E	M	T	R	A	P	A	G	R	D	T
S	U	P	E	R	M	A	R	K	T	Z	D	E	B	M
K	T	W	S	Y	D	Z	G	P	E	A	S	H	Q	W

BOTSCHAFT
APARTMENT
KABINE
SCHLOSS
KINO
FABRIK
SCHEUNE
HOTEL
LABOR
MUSEUM
KRANKENHAUS
OBSERVATORIUM
HERBERGE
SCHULE
STADION
SUPERMARKT
THEATER
ZELT
TURM
UNIVERSITÄT

86 - Malattia

E	E	R	B	L	I	C	H	Z	C	K	H	I	H	A
K	N	O	Q	A	A	L	K	G	H	R	C	M	B	T
A	Q	T	U	K	A	F	K	O	R	X	S	J	J	E
C	E	O	Z	D	U	P	Z	X	O	K	I	Y	V	M
E	K	K	A	Ü	L	D	J	Z	N	B	T	Z	H	W
W	T	Ä	T	I	N	U	M	M	I	H	E	R	Z	E
O	E	I	M	O	R	D	N	Y	S	C	N	P	V	G
P	Y	N	P	F	W	L	U	M	C	A	E	U	X	E
K	Ö	R	P	E	R	E	C	N	H	W	G	L	L	B
N	E	I	G	R	E	L	L	A	G	H	Z	M	D	U
T	H	E	R	A	P	I	E	L	H	C	Q	O	E	P
A	B	D	O	M	I	N	A	L	N	S	B	N	W	Y
B	A	K	T	E	R	I	E	L	L	E	Y	A	N	G
N	E	U	R	O	P	A	T	H	I	E	S	L	H	R
A	Z	L	H	Q	D	N	E	K	C	E	T	S	N	A

AKUT
ABDOMINAL
ALLERGIEN
BAKTERIELL
WELLNESS
ANSTECKEND
KÖRPER
CHRONISCH
HERZ
SCHWACH
ERBLICH
GENETISCH
IMMUNITÄT
ENTZÜNDUNG
NEUROPATHIE
PULMONAL
ATEMWEGE
SYNDROM
THERAPIE

87 - Paesi #2

V	X	I	C	J	Y	K	K	H	U	S	R	Q	I	O
B	F	P	Y	H	P	E	N	I	A	R	K	U	N	W
A	L	B	A	N	I	E	N	R	P	I	H	N	D	L
Q	Y	D	E	R	U	S	U	C	X	Y	T	E	O	J
G	R	I	E	C	H	E	N	L	A	N	D	I	N	Z
V	I	Q	L	X	N	P	A	A	M	A	G	P	E	E
A	R	Z	M	I	Q	S	P	P	X	T	V	O	S	T
Q	F	U	C	U	B	M	A	E	F	S	N	I	I	C
S	U	A	S	Q	X	E	J	N	B	I	E	H	E	J
U	J	K	O	S	X	D	R	W	L	K	I	T	N	A
N	J	I	A	Q	L	N	E	I	C	A	R	Ä	O	M
Y	N	V	L	R	Y	A	W	E	A	P	Y	T	Y	A
U	G	A	N	D	A	L	N	A	D	U	S	K	S	I
D	Ä	N	E	M	A	R	K	D	B	Y	M	W	P	K
M	E	X	I	K	O	I	N	I	G	E	R	I	A	A

ALBANIEN
DÄNEMARK
ÄTHIOPIEN
JAMAIKA
JAPAN
GRIECHENLAND
HAITI
INDONESIEN
IRLAND
LAOS
LIBERIA
MEXIKO
NEPAL
NIGERIA
PAKISTAN
RUSSLAND
SYRIEN
SUDAN
UKRAINE
UGANDA

88 - Tipi di Capelli

W	F	V	O	U	P	R	E	B	L	I	S	L	W	T
K	U	R	Z	G	B	G	C	W	I	T	C	A	G	C
N	S	W	N	J	N	B	O	G	D	K	H	N	M	L
O	Z	Z	E	N	E	X	S	S	I	E	W	G	B	O
D	P	M	K	I	K	Y	A	I	S	B	A	T	L	C
F	H	H	C	R	C	G	R	A	U	P	R	T	R	K
S	A	Y	O	D	O	H	T	W	B	S	Z	A	L	I
W	C	V	L	T	R	Z	Ö	P	F	E	P	L	F	G
K	X	G	N	E	T	H	C	O	L	F	E	G	W	E
K	Q	H	X	R	B	C	T	M	U	B	W	V	T	A
A	N	Z	U	K	R	U	O	R	H	C	V	A	K	W
H	R	N	D	C	A	F	A	G	O	Q	N	X	K	N
L	J	D	Ü	I	U	L	D	U	F	I	Q	F	Z	H
C	B	O	H	D	N	O	L	B	L	Z	H	L	P	Q
U	V	G	E	S	U	N	D	Q	O	M	C	M	P	B

SILBER
TROCKEN
WEISS
BLOND
KURZ
KAHL
FARBIG
GRAU
GEFLOCHTEN
GLATT
LANG
BRAUN
WEICH
SCHWARZ
LOCKIG
LOCKEN
GESUND
DÜNN
DICK
ZÖPFE

89 - Vestiti

K	N	R	W	G	V	E	Z	R	Ü	H	C	S	W	I
J	L	S	C	H	L	A	F	A	N	Z	U	G	C	H
E	E	E	T	L	E	K	C	A	J	Y	R	H	G	Y
A	T	H	I	D	T	K	W	E	I	P	J	S	C	T
N	R	U	V	D	N	A	B	M	R	A	B	C	P	S
S	Ü	H	G	C	A	U	X	F	V	L	L	H	M	F
K	G	C	N	N	M	E	S	O	H	B	U	A	O	A
S	E	S	O	W	D	O	T	X	I	X	S	L	D	K
K	P	D	G	S	A	J	A	T	R	Z	E	L	E	K
B	O	N	O	H	P	J	X	H	E	M	D	A	K	E
A	S	A	X	U	A	I	A	U	O	K	I	L	P	V
R	V	H	L	T	U	O	L	R	O	A	S	A	J	X
S	A	N	D	A	L	E	N	O	C	Q	J	L	Y	Q
P	U	L	L	O	V	E	R	C	R	X	U	F	A	K
E	A	Z	Z	N	O	A	M	K	O	G	F	P	F	H

KLEID
ARMBAND
BLUSE
HEMD
HUT
MANTEL
GÜRTEL
HALSKETTE
JACKE
ROCK
SCHÜRZE
HANDSCHUHE
JEANS
PULLOVER
MODE
HOSE
SCHLAFANZUG
SANDALEN
SCHUH
SCHAL

90 - Attività e Tempo Libero

G	N	I	P	M	A	C	T	S	N	U	K	X	H	G
C	A	I	N	R	T	G	K	E	Q	S	F	G	O	E
X	Y	R	Z	W	B	U	Q	U	N	Y	K	O	B	M
N	G	T	T	A	N	G	E	L	N	N	R	L	B	Ä
F	N	T	N	E	H	C	U	A	T	W	I	F	I	L
S	I	Q	T	L	N	R	E	D	N	A	W	S	E	D
B	U	N	E	F	U	A	K	N	I	E	C	K	S	E
O	A	R	J	G	G	A	R	F	O	V	Y	P	K	T
X	S	Q	F	R	L	L	A	B	Y	E	L	L	O	V
E	Q	C	S	E	S	I	E	R	E	A	C	U	F	K
N	F	U	W	M	N	N	J	S	B	I	G	W	G	D
S	C	H	W	I	M	M	E	N	Y	M	T	U	L	T
B	A	S	E	B	A	L	L	L	A	B	S	S	U	F
O	I	E	N	T	S	P	A	N	N	E	N	D	E	B
B	A	S	K	E	T	B	A	L	L	E	W	H	I	M

KUNST
BASEBALL
BASKETBALL
BOXEN
FUSSBALL
CAMPING
WANDERN
GARTENARBEIT
GOLF
HOBBIES
TAUCHEN
SCHWIMMEN
VOLLEYBALL
ANGELN
GEMÄLDE
ENTSPANNEND
EINKAUFEN
SURFEN
TENNIS
REISE

91 - Meteo

N	U	X	P	O	O	N	E	K	C	O	R	T	T	Z
F	Q	M	V	T	B	N	I	M	K	I	I	J	T	X
R	V	K	A	L	H	C	S	I	P	O	R	T	K	Y
V	L	A	T	M	O	S	P	H	Ä	R	E	J	K	R
S	K	J	N	G	D	N	I	W	O	N	A	A	I	L
B	T	N	I	N	A	J	R	P	M	O	M	L	C	J
L	B	U	J	T	N	B	E	E	I	D	M	O	O	Y
I	A	S	R	E	R	R	N	D	E	Z	I	S	D	P
T	O	N	Y	M	O	I	N	E	R	R	Ü	D	H	U
Z	J	O	B	Y	T	S	O	N	B	K	L	I	M	A
H	I	M	M	E	L	E	D	N	F	E	K	L	O	W
R	E	G	E	N	B	O	G	E	N	C	L	D	P	L
D	Q	T	E	M	P	E	R	A	T	U	R	D	K	C
G	S	H	U	R	R	I	K	A	N	H	S	I	A	G
Q	H	F	H	Y	D	S	L	A	N	L	M	Q	K	I

REGENBOGEN
TROCKEN
ATMOSPHÄRE
BRISE
HIMMEL
KLIMA
BLITZ
EIS
MONSUN
NEBEL
WOLKE
POLAR
DÜRRE
TEMPERATUR
STURM
TORNADO
TROPISCH
DONNER
HURRIKAN
WIND

92 - Corpo Umano

S	L	K	M	U	N	D	K	U	Z	V	X	H	B	V
C	F	I	M	B	V	V	S	N	H	E	S	D	M	J
H	D	N	T	E	G	U	A	C	Ö	X	G	V	A	A
U	N	N	H	I	K	M	S	N	F	C	F	Q	G	X
L	L	C	A	N	F	N	G	W	H	C	H	L	E	M
T	A	W	N	G	I	L	I	R	U	P	Y	E	N	N
E	J	L	D	F	S	C	N	E	G	O	B	L	L	E
R	C	V	L	E	V	F	Q	Z	C	M	T	R	L	S
P	Y	V	O	O	Y	X	S	J	X	B	T	B	K	A
K	Y	O	I	G	H	L	S	K	G	E	H	I	R	N
I	U	T	B	H	Z	Z	A	O	G	I	C	F	H	E
A	H	A	U	T	E	A	Q	P	A	H	I	V	O	P
A	X	W	U	Z	M	R	W	F	H	A	S	I	B	K
B	L	U	T	F	K	F	Z	Z	X	L	E	X	I	G
F	I	N	G	E	R	K	W	I	L	S	G	X	M	H

MUND
KNÖCHEL
GEHIRN
HALS
HERZ
FINGER
GESICHT
BEIN
KNIE
ELLBOGEN

HAND
KINN
NASE
AUGE
OHR
HAUT
BLUT
SCHULTER
MAGEN
KOPF

93 - Mammiferi

B	U	M	U	C	Q	B	K	J	W	Z	P	K	L	J
H	S	W	N	A	A	K	O	Q	A	N	F	E	R	G
B	U	S	T	I	E	R	J	E	L	E	E	D	O	P
T	W	N	K	J	F	Ä	O	S	L	F	R	N	R	P
S	U	I	D	X	F	B	T	A	K	E	D	Z	Q	G
L	W	O	L	F	A	L	E	H	K	Z	F	D	Y	G
Ö	E	B	Y	F	M	W	P	C	R	T	A	A	I	O
W	F	E	O	W	S	Q	W	Q	P	A	H	P	N	A
E	G	U	H	Z	Z	Y	T	P	A	K	C	O	I	T
A	O	R	C	M	Z	A	U	X	H	Q	S	I	F	Z
Y	R	U	S	H	S	G	I	R	A	F	F	E	L	E
U	I	G	R	C	S	T	V	R	S	E	L	H	E	B
N	L	N	I	G	J	T	Z	H	G	K	G	A	D	R
B	L	Ä	H	Q	D	B	C	C	W	R	F	U	K	A
H	A	K	F	B	N	D	T	Y	C	Y	N	H	D	N

WAL
HUND
KÄNGURU
PFERD
HIRSCH
HASE
KOJOTE
DELFIN
ELEFANT
KATZE
GIRAFFE
GORILLA
LÖWE
WOLF
BÄR
SCHAF
AFFE
STIER
FUCHS
ZEBRA

94 - Giardinaggio

N	H	E	Q	B	H	C	S	I	N	A	T	O	B	C
E	X	O	T	I	S	C	H	T	G	N	R	P	Q	O
D	S	R	B	A	S	J	F	R	R	H	A	A	E	N
O	C	A	L	L	A	N	O	S	I	A	S	P	R	T
B	H	O	Ü	C	O	S	K	M	L	C	U	S	W	A
J	L	B	T	L	A	U	B	L	V	Y	I	S	M	I
F	A	S	E	P	P	N	E	K	I	P	X	Q	S	N
G	U	T	B	E	S	S	B	A	R	M	Z	Z	D	E
I	C	G	N	I	Z	I	G	C	I	S	A	C	Y	R
E	H	A	X	W	T	V	S	W	A	S	S	E	R	O
I	K	R	G	Z	U	Q	U	V	G	U	G	D	G	R
J	D	T	J	I	M	O	R	Z	D	A	L	X	T	M
T	G	E	X	O	H	P	I	P	E	M	W	K	A	W
L	V	N	W	O	C	Q	O	B	I	G	C	U	B	M
K	O	M	P	O	S	T	T	A	L	B	H	C	B	T

WASSER
BOTANISCH
KLIMA
ESSBAR
KOMPOST
CONTAINER
EXOTISCH
BLÜTE
BLATT
LAUB
OBSTGARTEN
STRAUSS
SAAT
ART
SCHMUTZ
SAISONAL
BODEN
SCHLAUCH

95 - Universo

A	S	T	R	O	N	O	M	I	E	A	D	X	Y	K
I	H	F	J	E	D	N	E	W	N	E	N	N	O	S
V	Z	A	O	X	I	R	V	D	G	K	O	A	A	V
H	O	R	I	Z	O	N	T	C	U	O	M	T	S	Z
J	V	U	S	C	R	E	Y	M	M	S	B	M	T	U
P	J	Q	I	Z	E	X	E	S	F	M	K	O	R	A
G	O	M	B	W	T	F	J	Q	I	I	I	S	O	J
O	A	K	H	V	S	W	G	Z	X	S	M	P	N	X
U	Y	S	S	Z	A	H	X	N	B	C	J	H	O	S
L	Ä	N	G	E	N	G	R	A	D	H	X	Ä	M	O
L	N	L	Z	T	L	H	I	M	M	E	L	R	E	L
X	B	X	G	I	U	E	Y	I	I	Y	T	E	J	A
P	Q	H	O	E	K	D	T	I	B	R	O	S	I	R
E	E	S	G	R	A	B	T	H	C	I	S	K	Y	O
C	P	M	P	B	G	A	L	A	X	I	E	C	R	P

ASTEROID
ASTRONOMIE
ASTRONOM
ATMOSPHÄRE
HIMMEL
KOSMISCH
GALAXIE
BREITE
LÄNGENGRAD
MOND
ORBIT
HORIZONT
SOLAR
SONNENWENDE
TELESKOP
SICHTBAR

96 - Jazz

S	U	M	H	T	Y	H	R	L	K	W	W	B	A	H
G	C	O	Y	X	S	P	S	K	I	N	H	C	E	T
D	E	H	X	G	M	M	N	A	S	E	F	Z	Y	F
L	R	N	L	I	T	S	B	O	U	Y	D	Z	L	D
B	C	T	R	A	L	W	J	X	M	U	B	L	A	U
E	B	A	N	E	G	F	R	L	V	H	J	L	D	D
R	E	L	E	Y	F	Z	N	V	C	W	U	B	B	R
Ü	T	E	U	R	T	R	E	T	S	E	H	C	R	O
H	O	N	X	E	C	N	T	U	M	V	U	O	K	G
M	N	T	Y	L	K	T	I	Y	G	K	R	H	O	G
T	U	J	R	T	H	D	R	T	P	F	W	F	N	S
W	N	V	T	S	I	N	O	P	M	O	K	B	Z	T
Z	G	B	P	N	W	Q	V	Z	L	M	G	A	E	U
V	E	S	S	Ü	S	U	A	L	P	P	A	L	R	U
Q	B	D	L	K	G	B	F	P	T	W	Q	T	T	U

ALBUM
APPLAUS
KÜNSTLER
SCHLAGZEUG
LIED
KOMPONIST
KONZERT
BETONUNG
BERÜHMT
GENRE
MUSIK
NEU
ORCHESTER
FAVORITEN
RHYTHMUS
STIL
TALENT
TECHNIK
ALT

97 - Vacanze #2

U	J	W	S	S	P	K	Z	Q	Z	B	R	L	H	F
K	D	N	E	F	A	H	G	U	L	F	V	X	Z	R
X	A	E	M	A	S	O	U	W	G	I	R	P	I	E
L	X	G	D	U	S	K	C	A	M	P	I	N	G	I
X	D	J	Q	O	B	U	A	L	R	U	O	F	H	Z
F	O	T	O	S	M	P	Z	R	Y	Z	O	V	O	E
S	T	R	A	N	D	W	Y	V	T	L	E	Z	T	I
A	U	S	L	Ä	N	D	E	R	E	E	M	Z	E	T
S	W	V	Z	I	E	L	U	N	I	S	U	X	L	O
U	T	R	O	P	S	N	A	R	T	N	S	D	M	C
U	V	Q	E	E	B	R	K	E	Z	I	I	O	L	A
D	I	S	N	I	U	P	O	C	G	O	V	W	Y	T
E	N	G	H	T	S	Q	X	I	Q	T	J	W	E	A
T	G	P	F	W	Q	E	T	V	I	F	C	R	L	X
R	E	S	T	A	U	R	A	N	T	Y	P	V	K	I

FLUGHAFEN
CAMPING
ZIEL
FOTOS
HOTEL
INSEL
KARTE
MEER
PASS
RESTAURANT
STRAND
AUSLÄNDER
TAXI
FREIZEIT
ZELT
TRANSPORT
ZUG
URLAUB
REISE
VISUM

98 - Attività

M	I	F	K	E	N	T	S	P	A	N	N	U	N	G
A	N	L	E	G	N	A	P	L	X	X	M	X	B	N
G	T	T	R	M	Z	F	A	K	J	I	H	B	W	F
I	E	I	A	J	X	E	J	W	A	N	D	E	R	N
E	R	E	M	D	E	I	F	A	R	G	O	T	O	F
P	E	B	I	K	U	N	S	T	G	B	M	I	L	V
Q	S	R	K	N	H	E	K	W	N	D	A	E	T	E
N	S	A	L	E	S	E	N	B	I	F	A	K	A	R
S	E	N	G	A	G	T	E	E	P	O	T	G	N	G
G	N	E	X	Y	S	H	H	B	M	A	J	I	Z	N
A	K	T	I	V	I	T	Ä	T	A	Y	J	H	E	Ü
F	S	R	I	A	N	B	N	Q	C	U	Y	Ä	N	G
B	M	A	S	P	I	E	L	E	K	O	G	F	J	E
W	I	G	F	R	E	I	Z	E	I	T	R	B	L	N
K	U	N	S	T	H	A	N	D	W	E	R	K	G	P

FÄHIGKEIT
KUNST
KUNSTHANDWERK
AKTIVITÄT
JAGD
CAMPING
KERAMIK
NÄHEN
TANZEN
WANDERN
FOTOGRAFIE
GARTENARBEIT
SPIELE
INTERESSEN
LESEN
MAGIE
ANGELN
VERGNÜGEN
ENTSPANNUNG
FREIZEIT

99 - Diplomazia

B	E	C	M	G	K	K	M	B	R	I	V	Y	S	G
O	V	T	M	I	O	O	A	E	E	N	E	U	I	E
T	Y	E	H	Y	T	N	U	R	G	T	R	T	C	R
S	U	N	G	I	Z	F	F	A	I	E	T	F	H	E
C	H	J	N	P	K	L	L	T	E	G	R	A	E	C
H	C	C	U	O	W	I	Ö	E	R	R	A	H	R	H
A	K	K	S	L	P	K	S	R	U	I	G	C	H	T
F	C	G	Ö	I	W	T	U	R	N	T	H	S	E	I
T	J	U	L	T	D	G	N	D	G	Ä	P	N	I	G
E	C	B	K	I	H	N	G	H	B	T	U	I	T	K
R	F	I	Q	K	E	R	Ä	B	Ü	R	G	E	R	E
H	C	S	I	T	A	M	O	L	P	I	D	M	M	I
B	O	T	S	C	H	A	F	T	S	F	P	E	K	T
D	I	S	K	U	S	S	I	O	N	U	T	G	X	I
S	P	R	A	C	H	E	N	T	W	I	A	C	K	J

BOTSCHAFT
BOTSCHAFTER
BÜRGER
GEMEINSCHAFT
KONFLIKT
BERATER
DIPLOMATISCH
DISKUSSION
ETHIK
GERECHTIGKEIT
REGIERUNG
INTEGRITÄT
SPRACHEN
POLITIK
AUFLÖSUNG
SICHERHEIT
LÖSUNG
AUSLÄNDISCH
VERTRAG

100 - Misurazioni

C	M	R	X	B	M	M	A	R	G	P	B	B	T	I
R	A	C	F	R	Y	I	X	H	X	D	X	O	K	Y
K	S	J	M	Q	D	T	N	G	E	W	I	C	H	T
I	S	L	I	T	E	R	E	U	A	A	V	L	C	T
L	E	L	O	D	G	O	H	Z	T	R	O	J	O	I
O	R	O	J	F	N	T	Ö	I	B	E	L	Z	C	E
M	Q	Z	O	V	Ä	S	H	D	M	T	U	W	M	F
E	E	M	A	T	L	F	Q	E	R	E	M	Y	O	E
T	C	P	E	W	M	X	U	Z	W	M	E	H	R	H
E	N	N	O	T	Z	V	K	I	J	I	N	J	Z	P
R	U	N	Z	E	E	L	U	M	M	T	R	O	G	W
B	R	E	I	T	E	R	B	A	Y	N	G	R	A	D
T	D	E	O	J	K	O	N	L	H	E	B	G	O	R
K	I	L	O	G	R	A	M	M	U	Z	C	J	D	Q
F	U	V	U	C	H	L	E	F	H	A	D	X	Q	R

HÖHE
BYTE
ZENTIMETER
KILOGRAMM
KILOMETER
DEZIMAL
GRAD
GRAMM
BREITE
LITER
LÄNGE
MASSE
METER
MINUTE
UNZE
GEWICHT
ZOLL
TIEFE
TONNE
VOLUMEN

1 - Scacchi

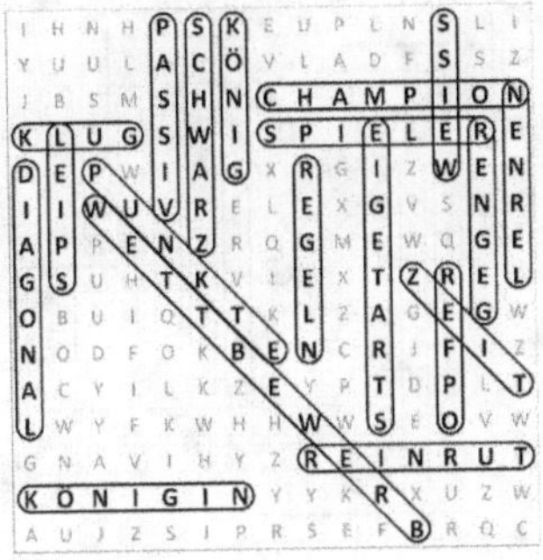

2 - Salute e Benessere #2

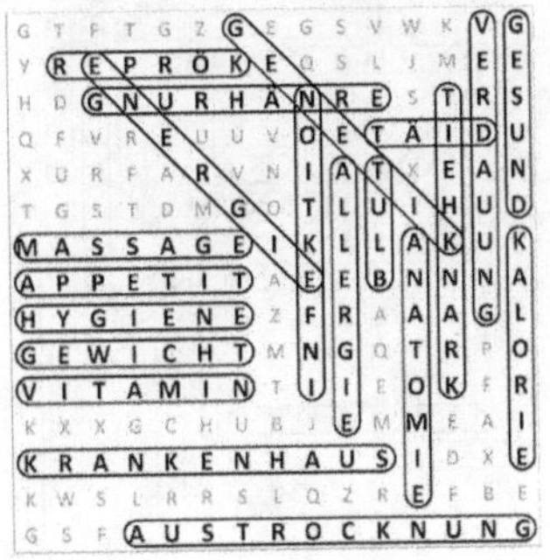

3 - Aggettivi #2

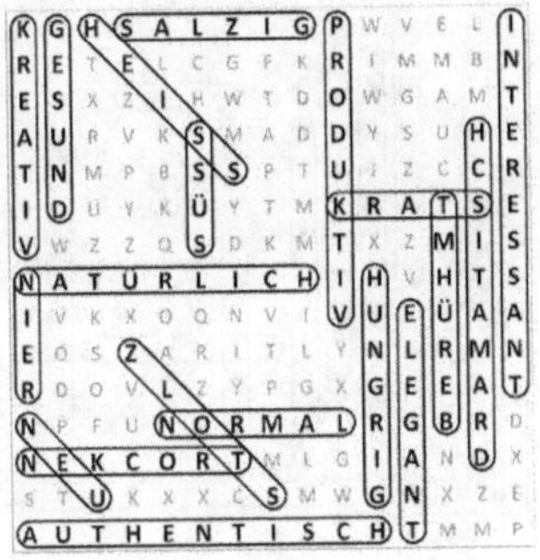

4 - Pesca

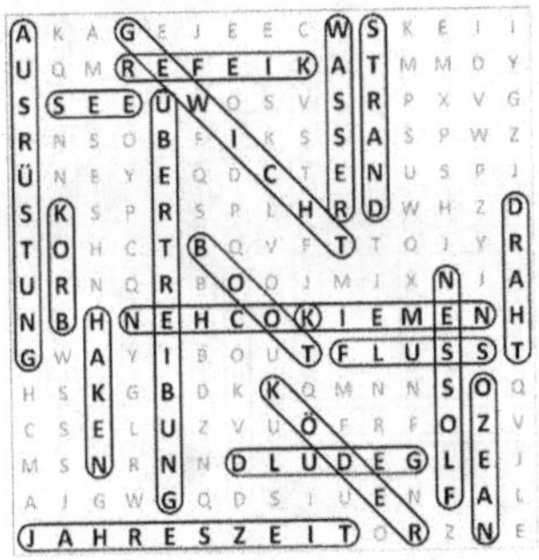

5 - Ingegneria

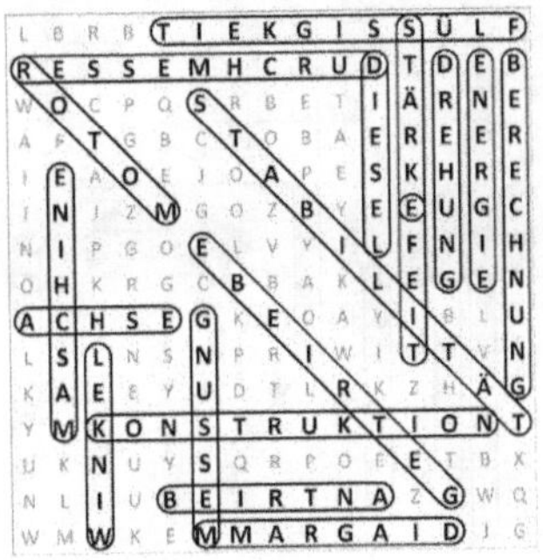

6 - Archeologia

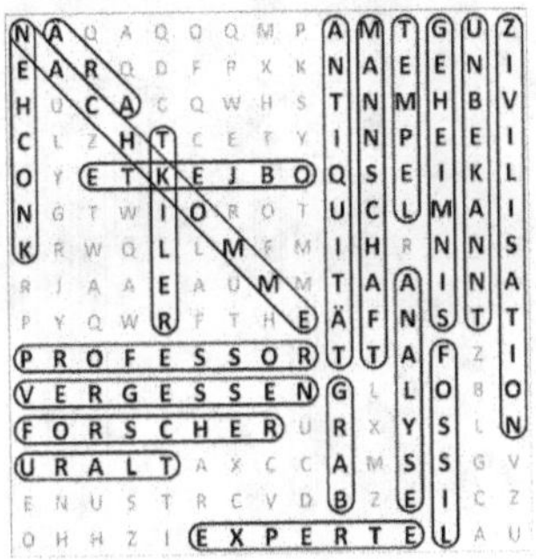

7 - Salute e Benessere #1

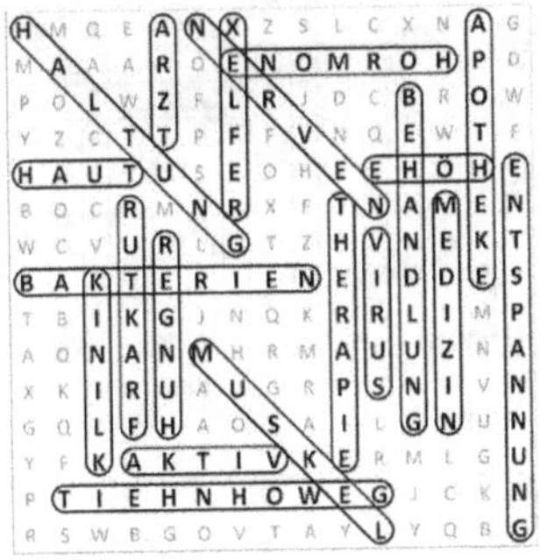

8 - Aggettivi #1

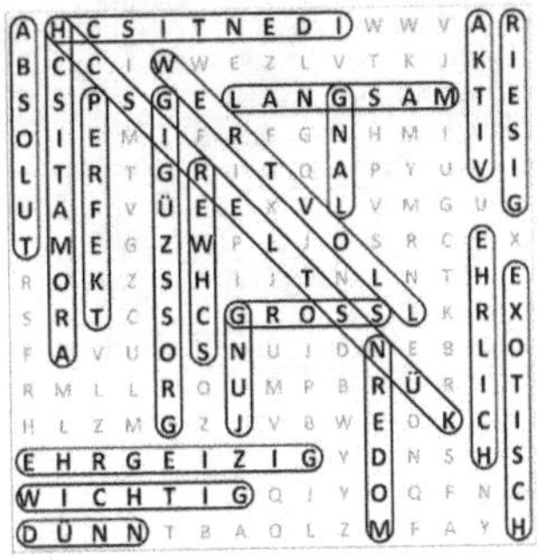

9 - Geologia

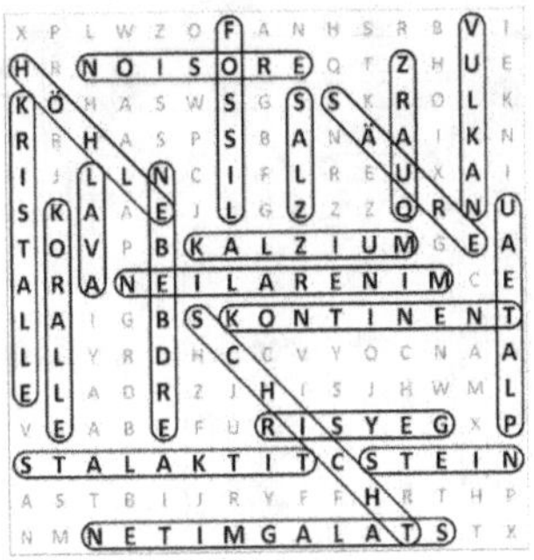

10 - Campeggio

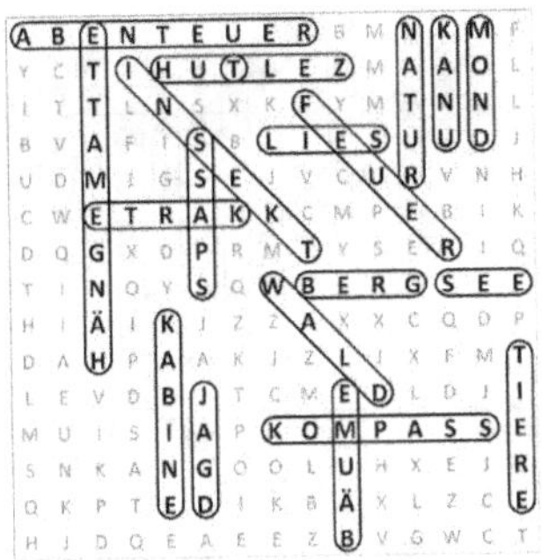

11 - Arti Visive

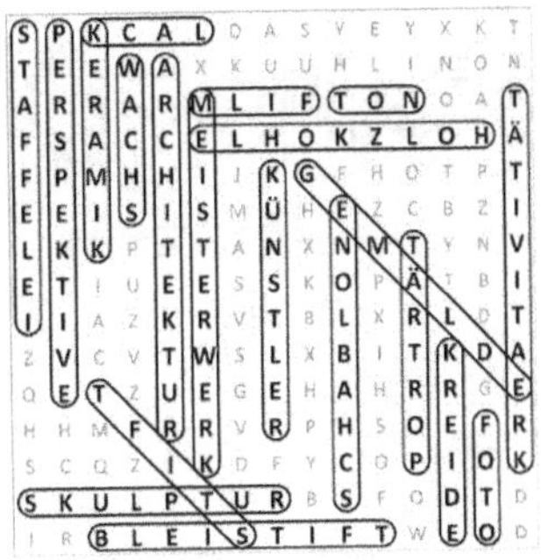

12 - Tempo

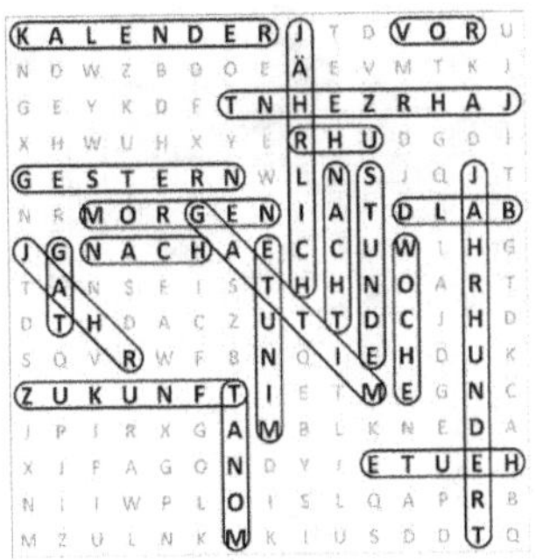

13 - Astronomia

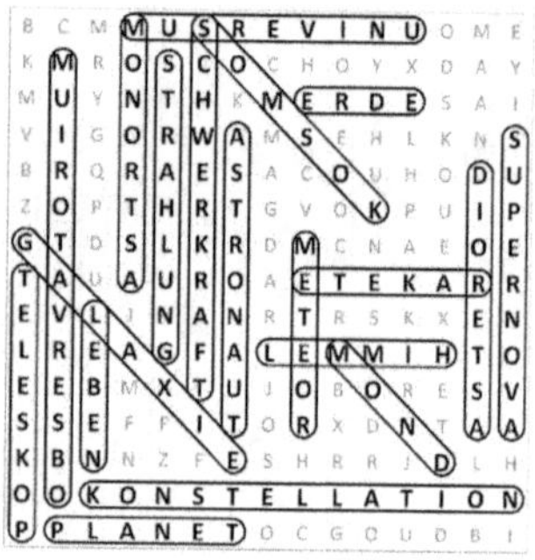

14 - Algebra

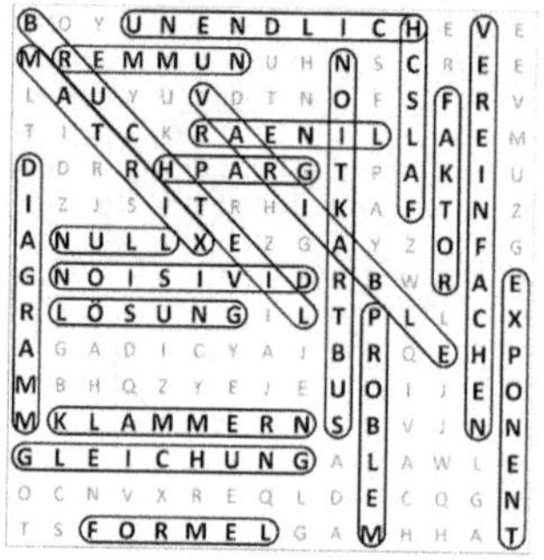

15 - Mitologia

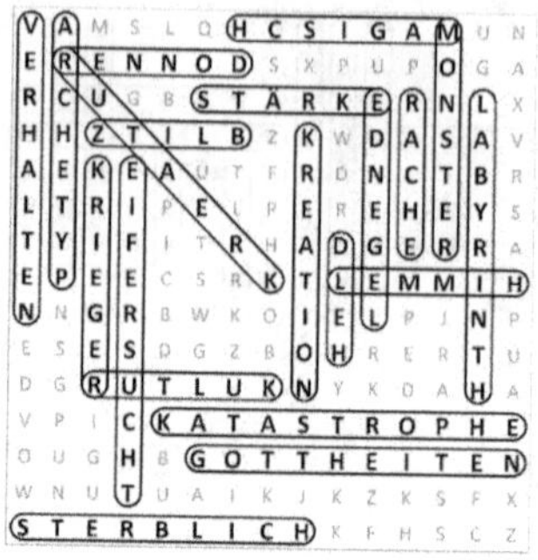

16 - Piante

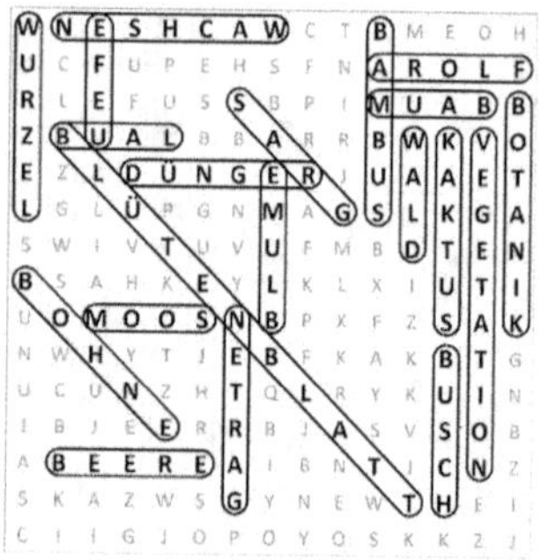

17 - Spezie

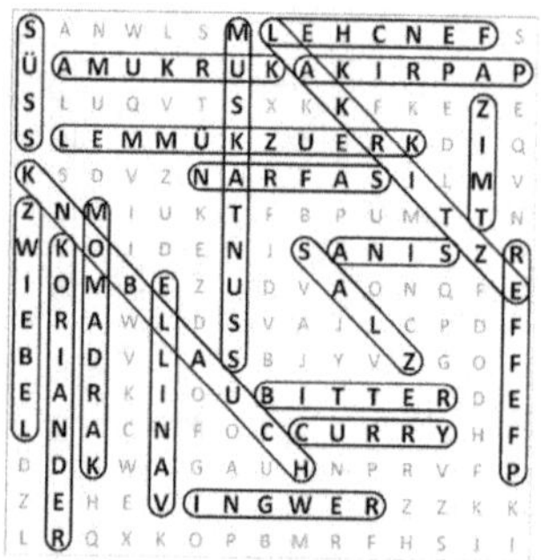

18 - Numeri

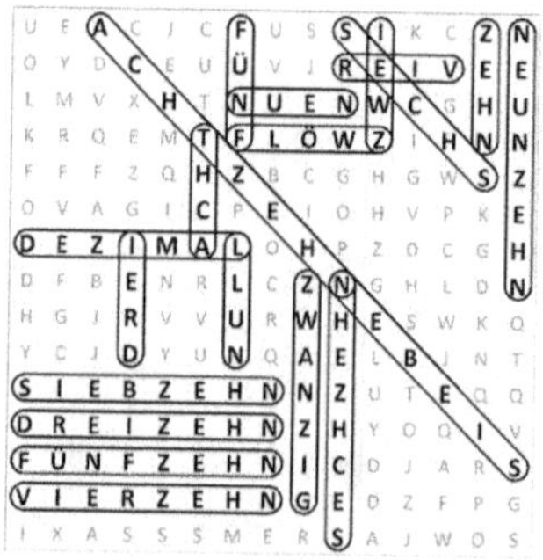

19 - Cioccolato

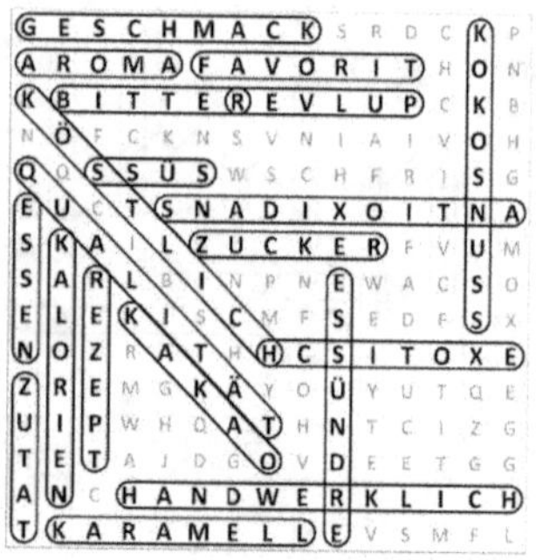

20 - Immigrazione

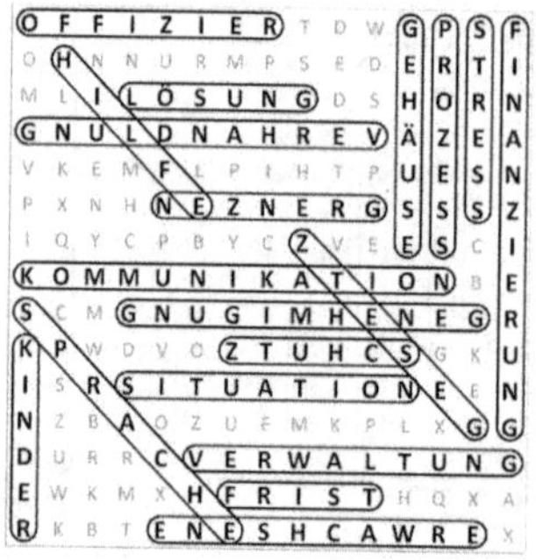

21 - Guida

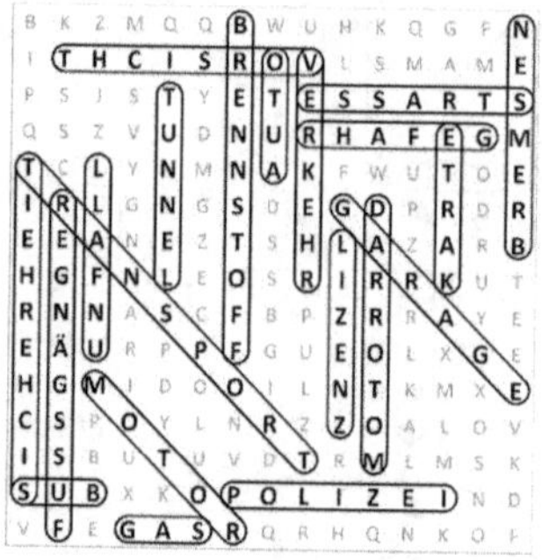

22 - Sport

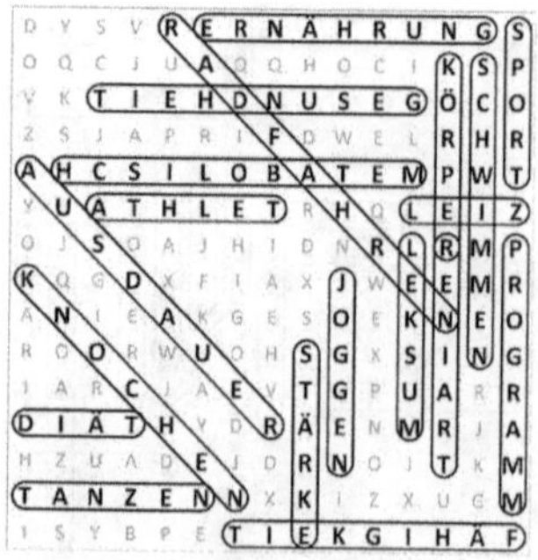

23 - Caffè

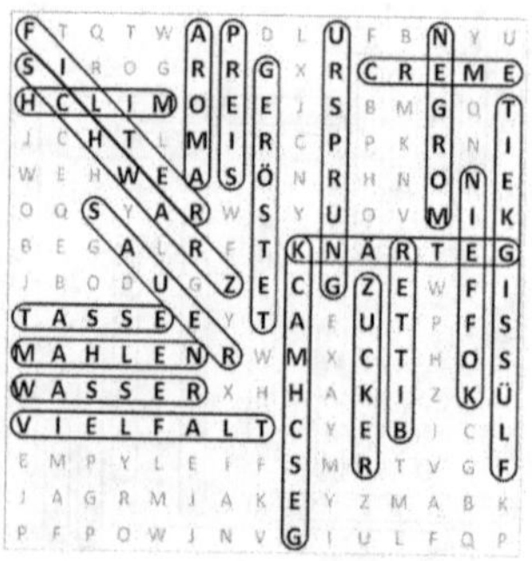

24 - Uccelli

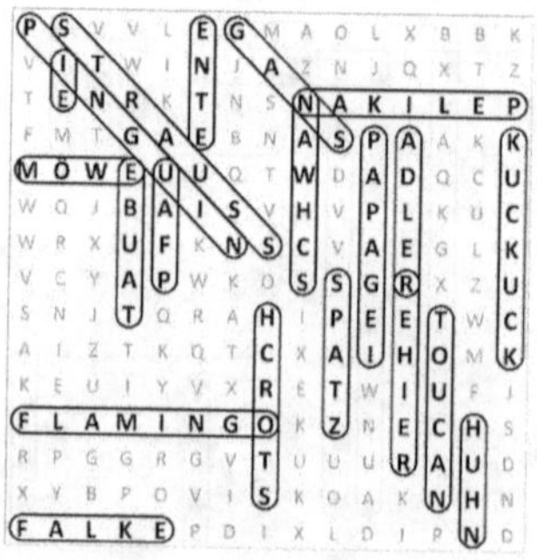

25 - Giorni e Mesi

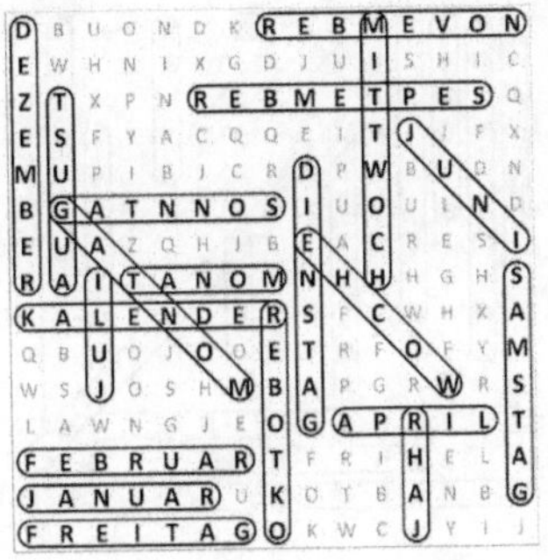

26 - Casa

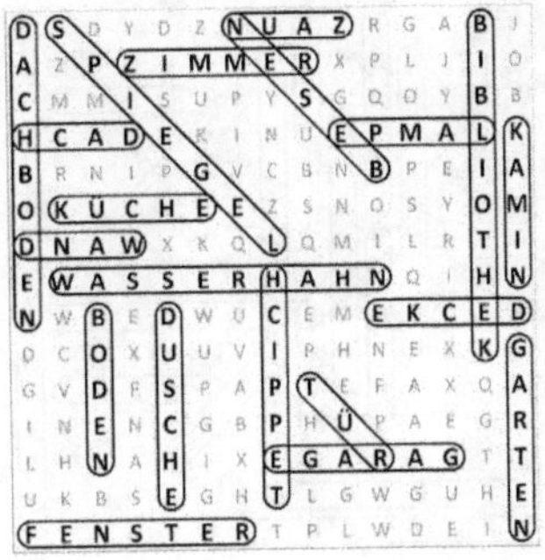

27 - Fantascienza

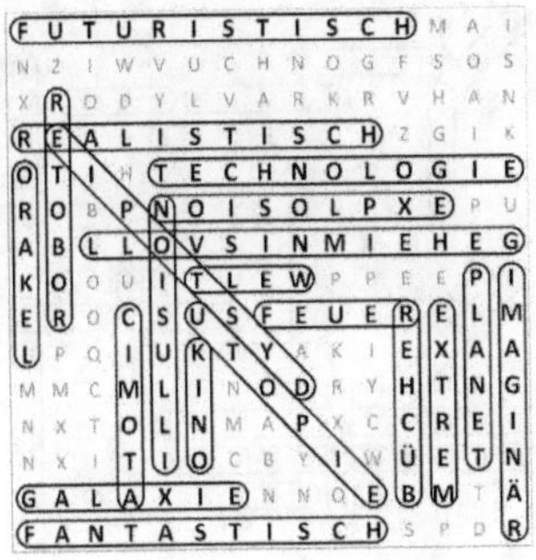

28 - Città

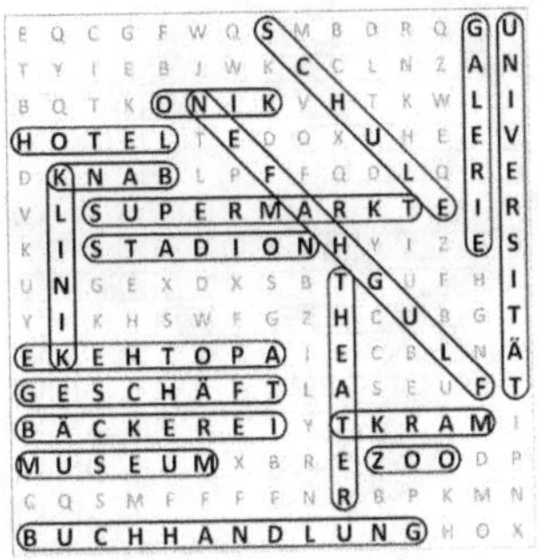

29 - Fattoria #1

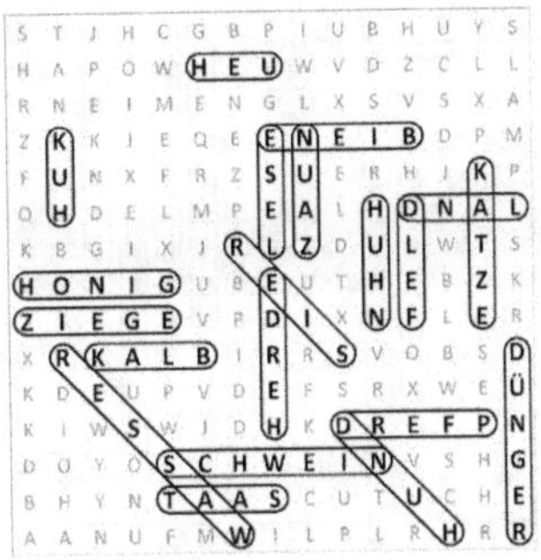

30 - Paesaggi

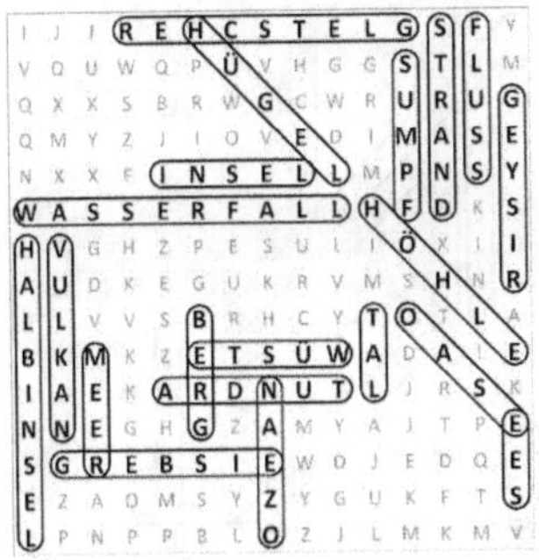

31 - Energia

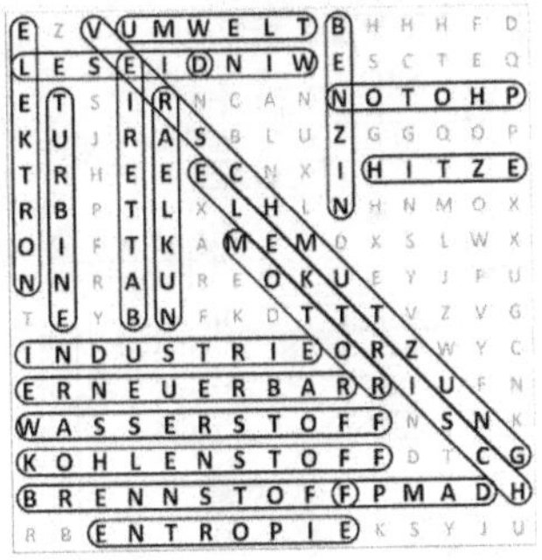

32 - Ristorante #2

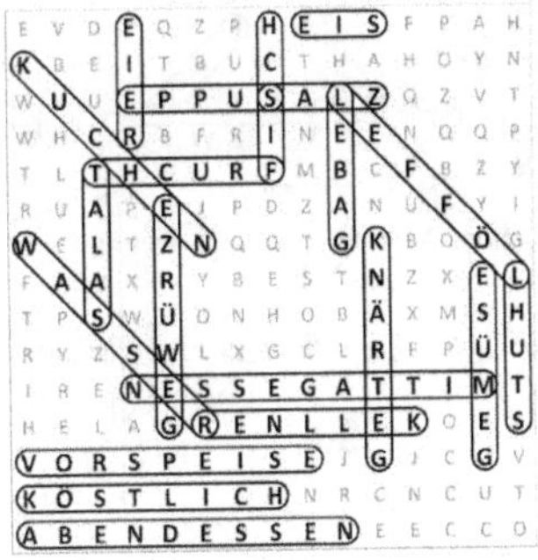

33 - Moda

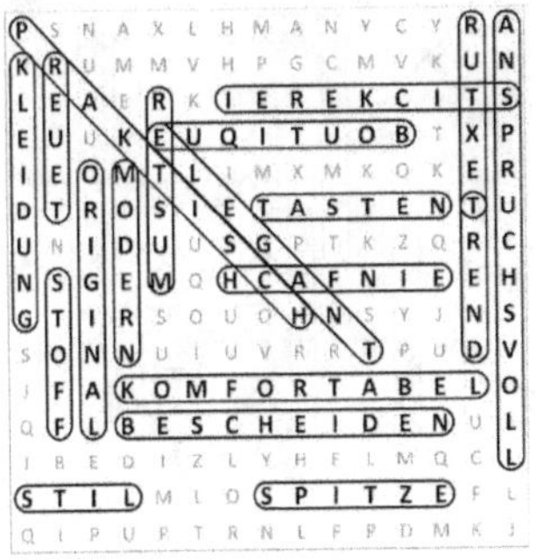

34 - Giardino

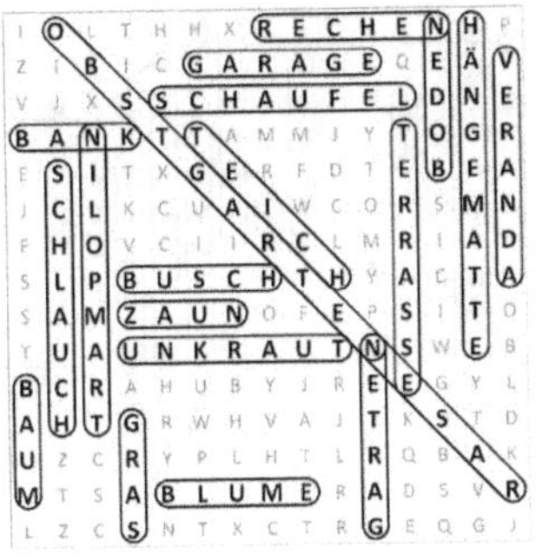

35 - Riscaldamento Gl

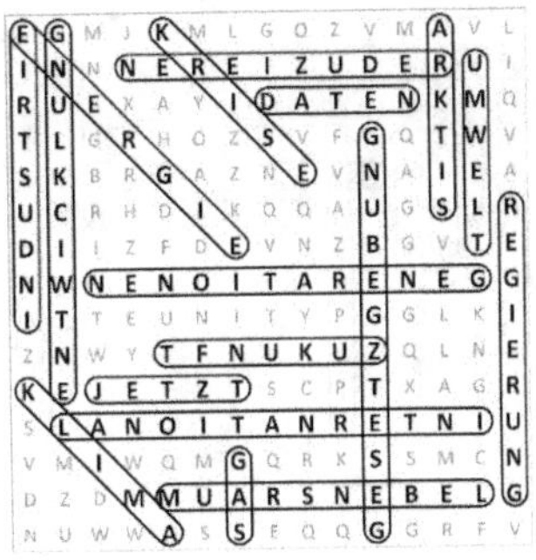

36 - Frutta

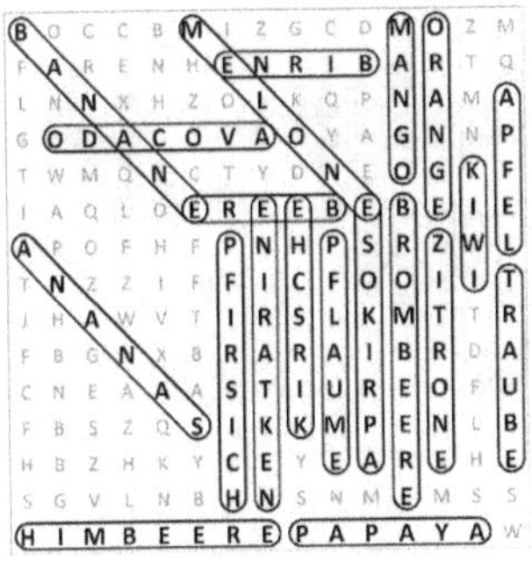

37 - Fattoria #2

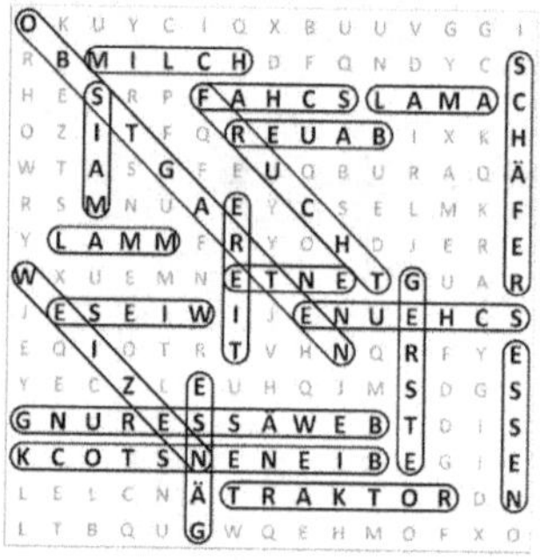

38 - Verdure

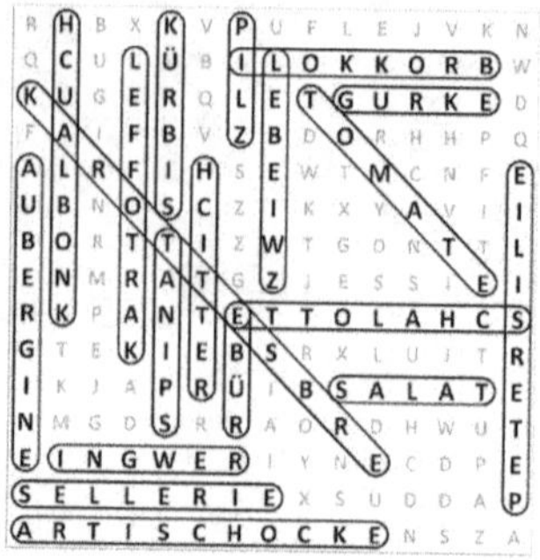

39 - Musica

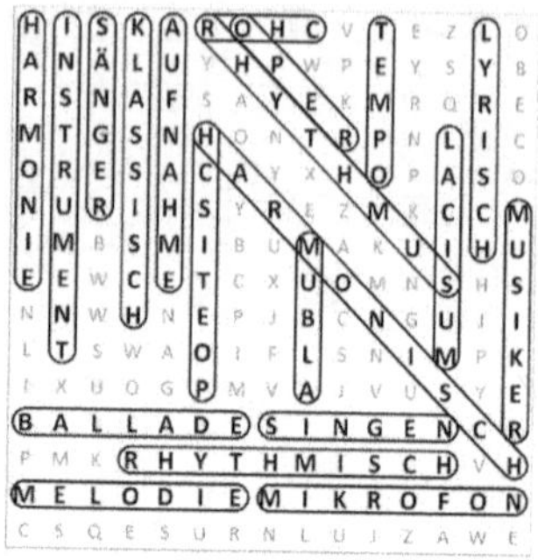

40 - Barbecue

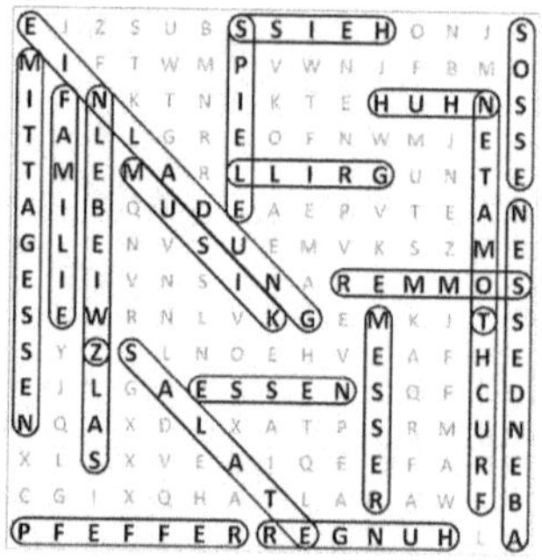

41 - Fisica

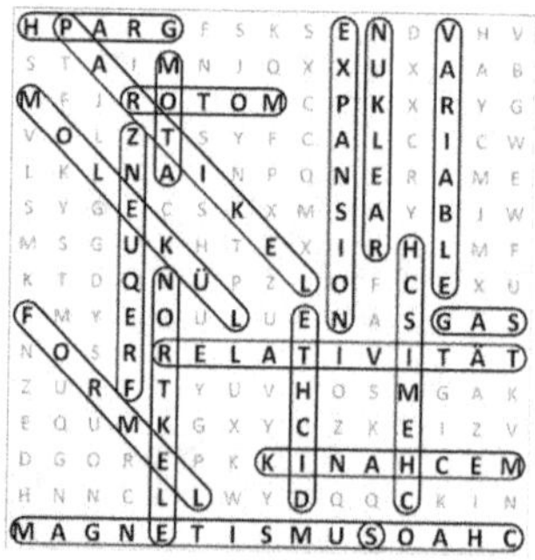

42 - Agronomia

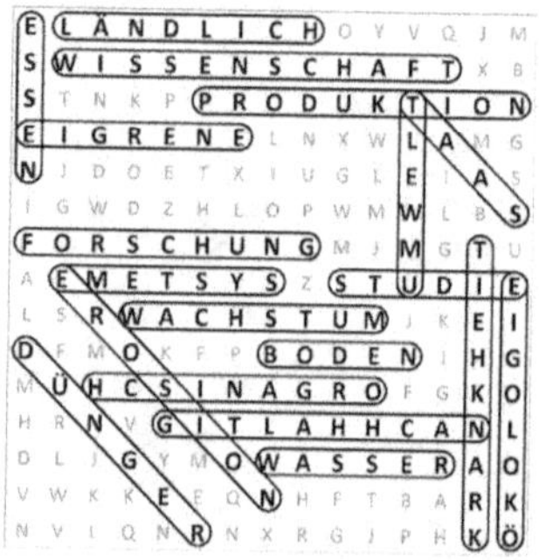

43 - Erboristeria

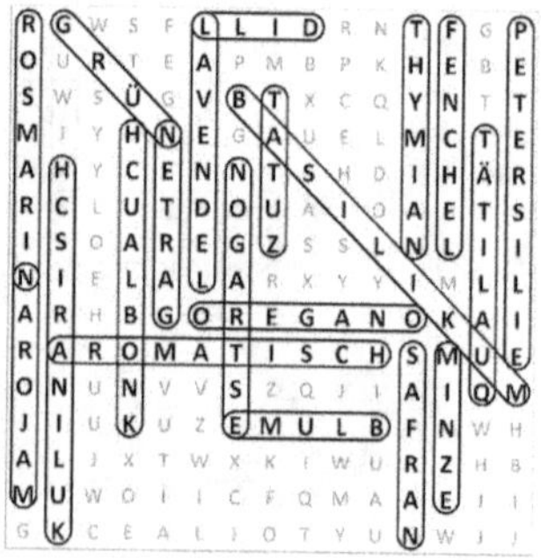

44 - Danza

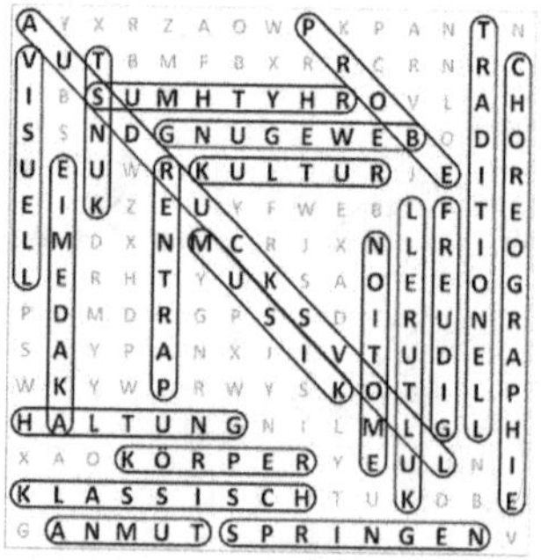

45 - Biologia

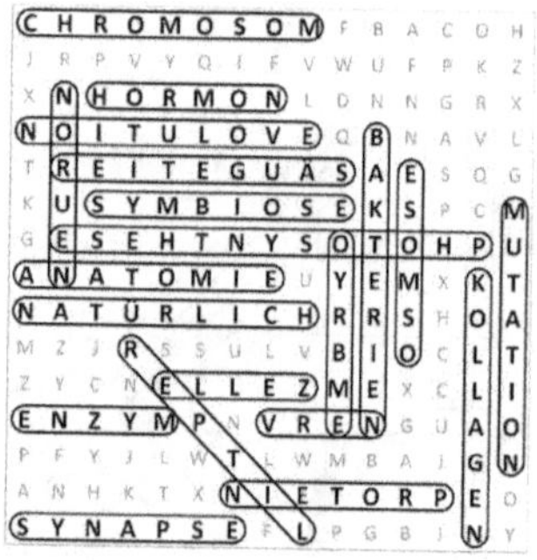

46 - Attività Commerciale

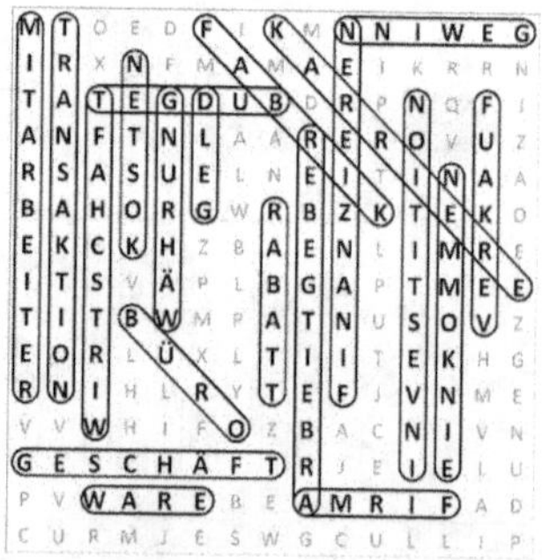

47 - Fiori

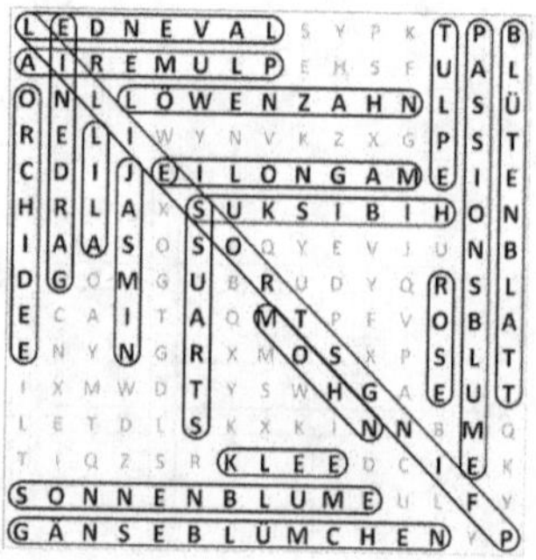

48 - Filantropia

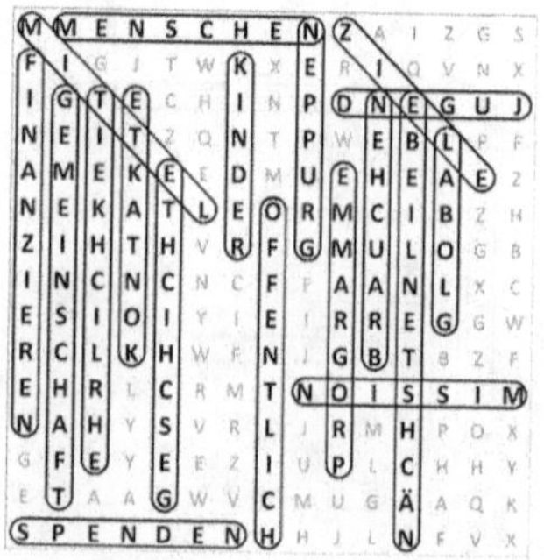

49 - Ecologia

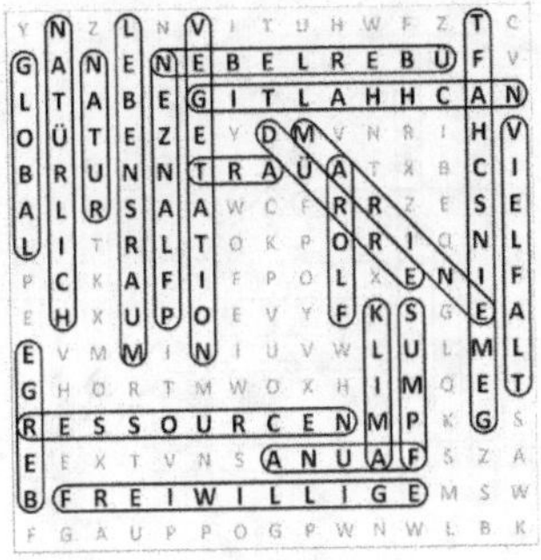

50 - Discipline Scientifiche

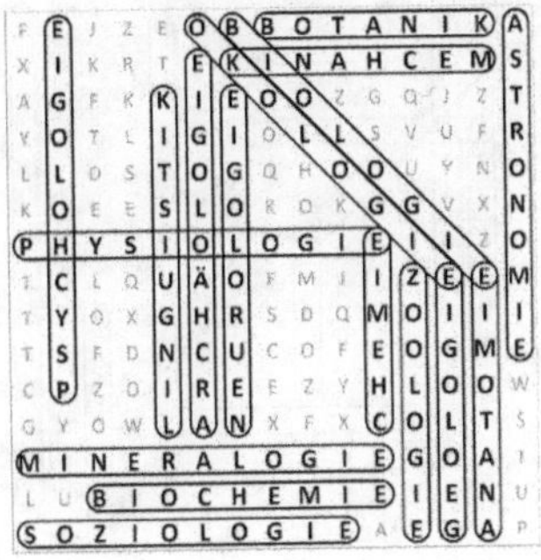

51 - Acqua

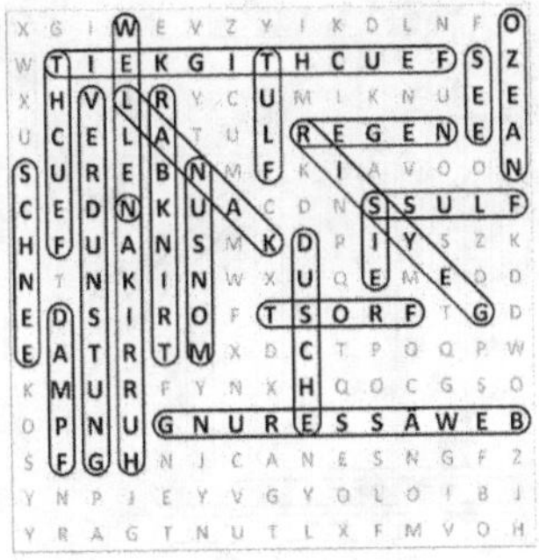

52 - Imbarcazioni

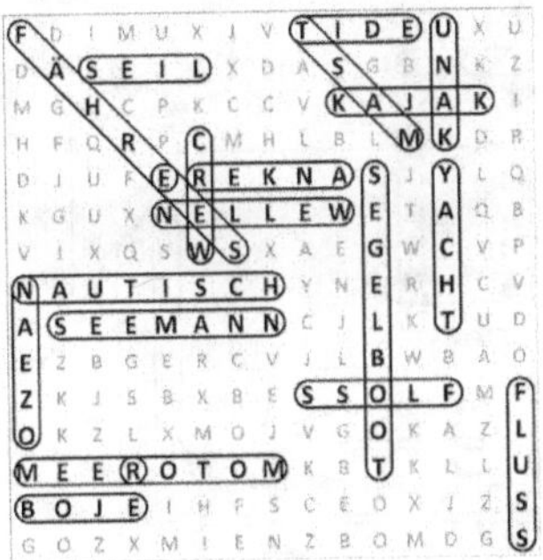

53 - Chimica

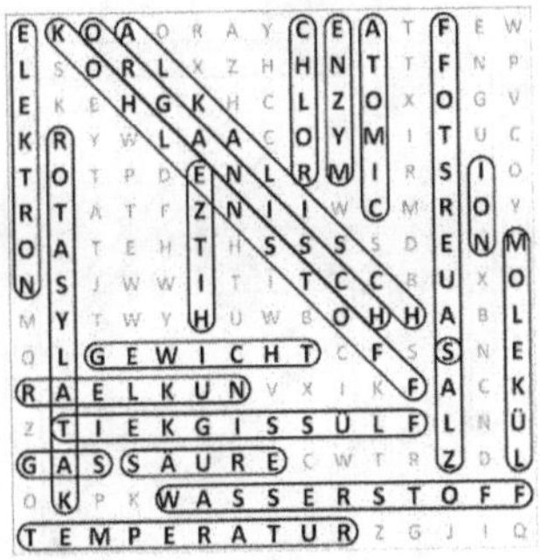

54 - Api

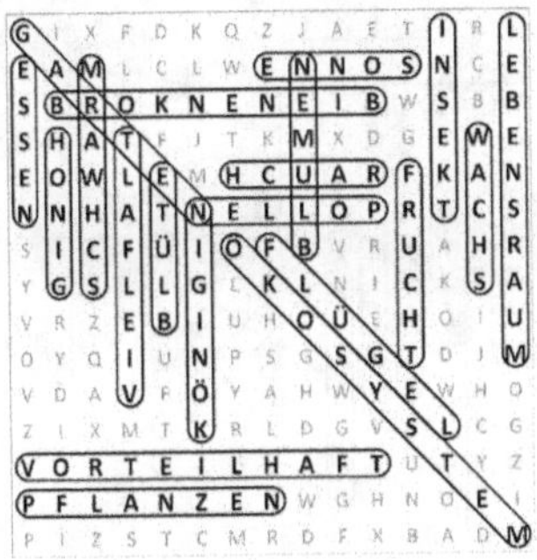

55 - Strumenti Musicali

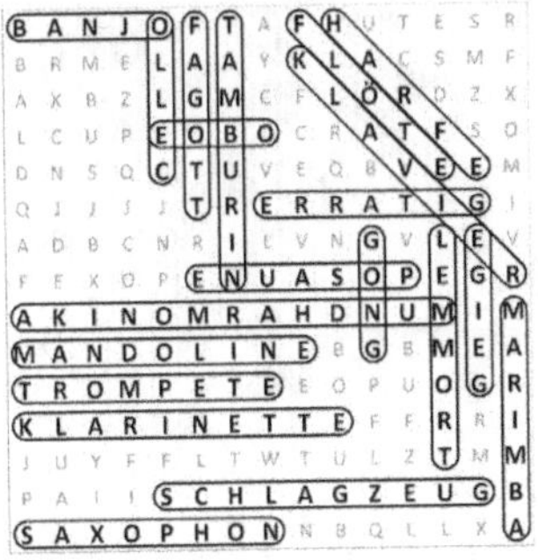

56 - Professioni #2

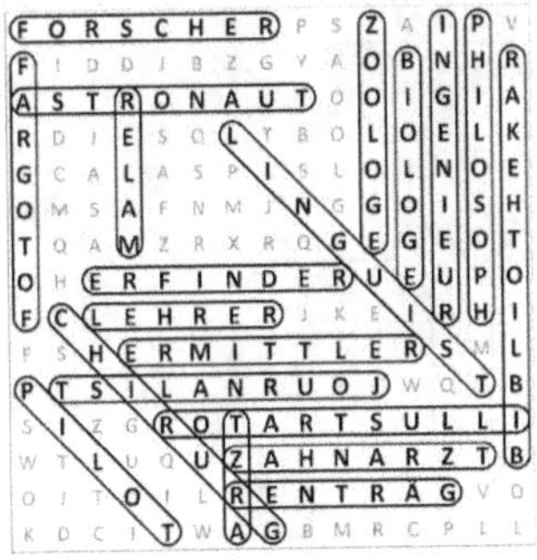

57 - Letteratura

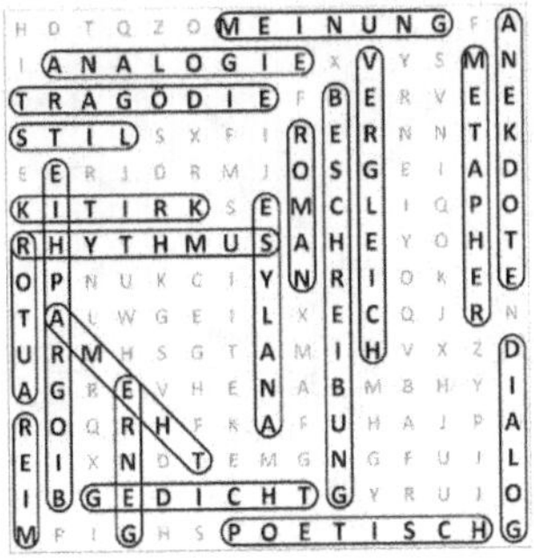

58 - Cibo #2

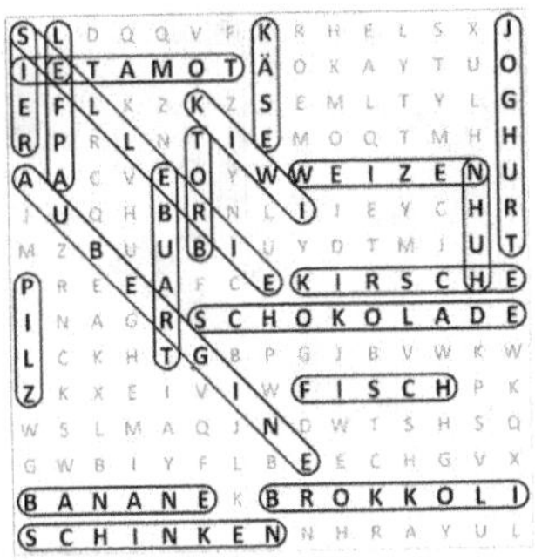

59 - Nutrizione

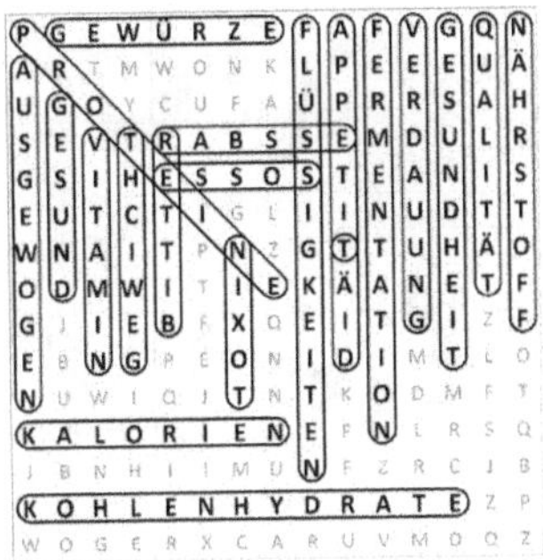

60 - Matematica

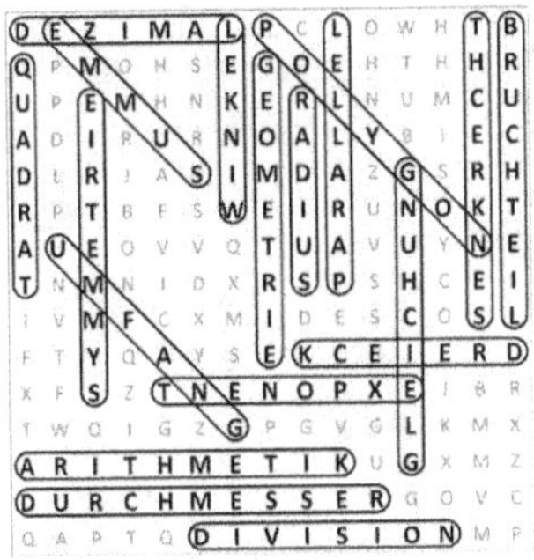

61 - Meditazione

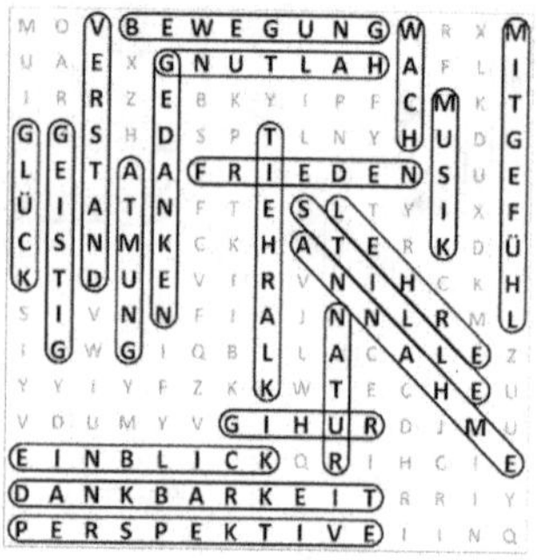

62 - Elettricità

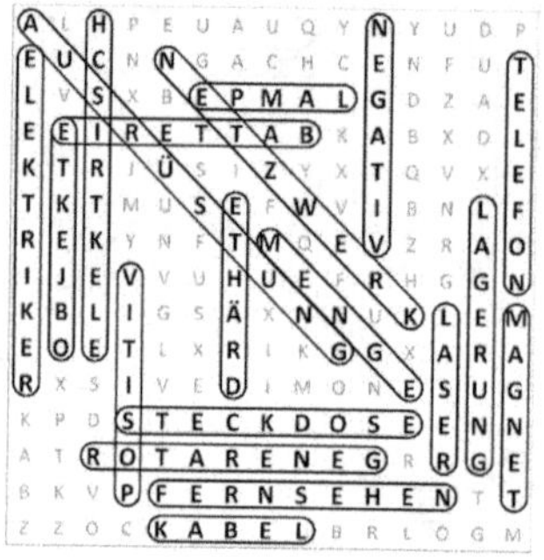

63 - Antiquariato

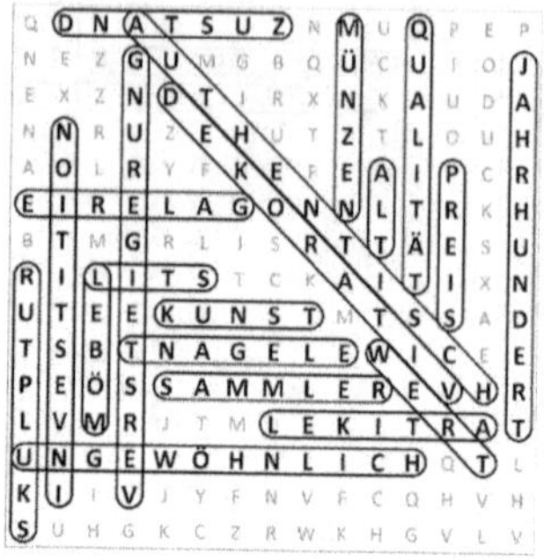

64 - Escursionismo

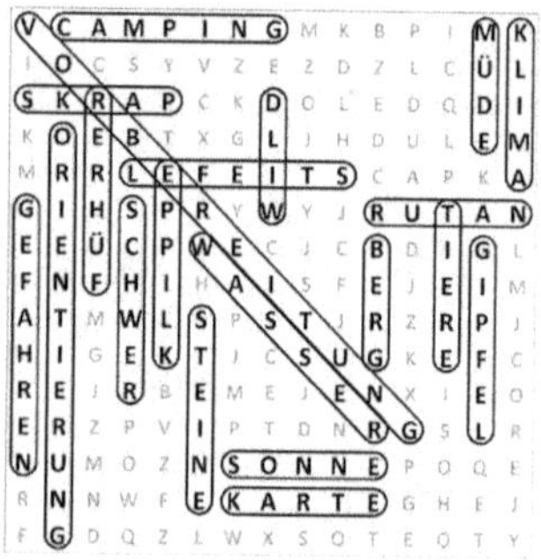

65 - Professioni #1

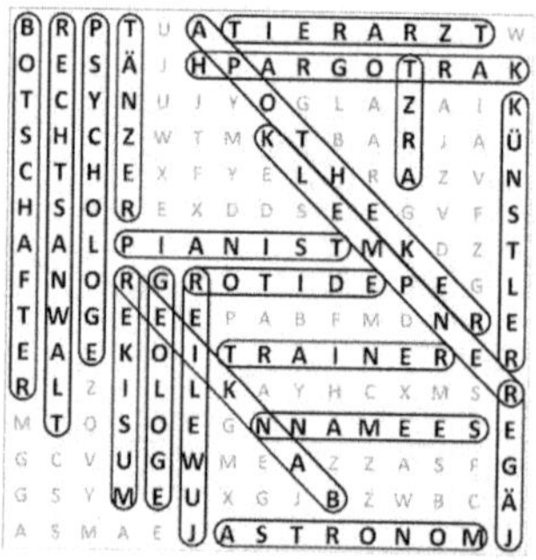

66 - Antartide

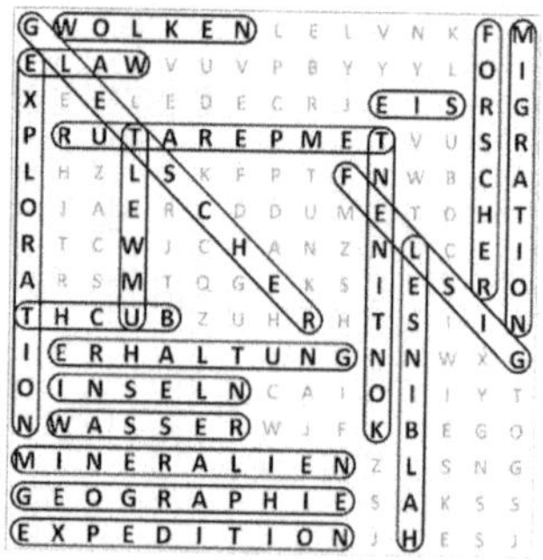

67 - Libri

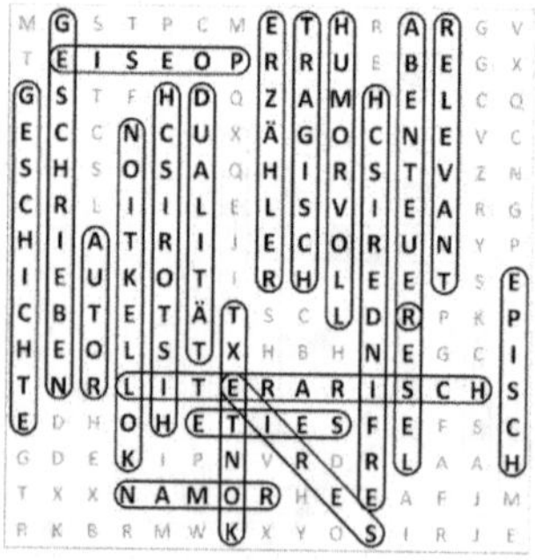

68 - Geografia

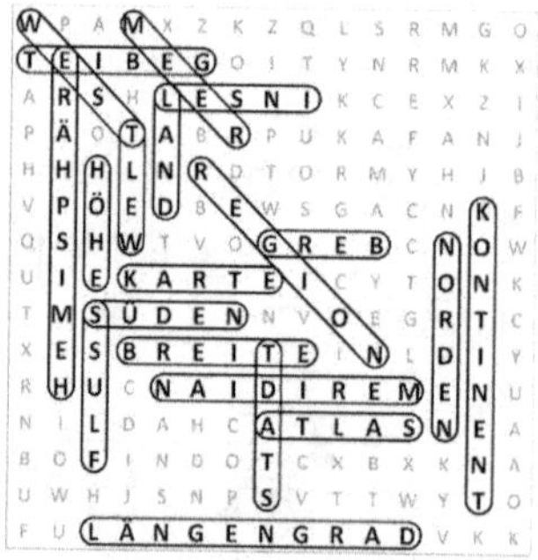

69 - Cibo #1

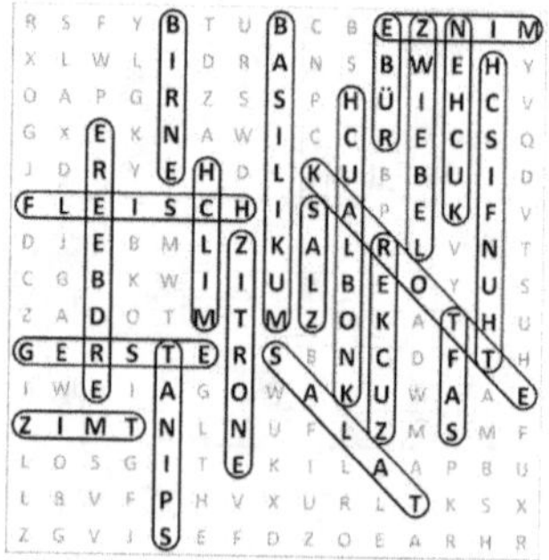

70 - Aeroplani

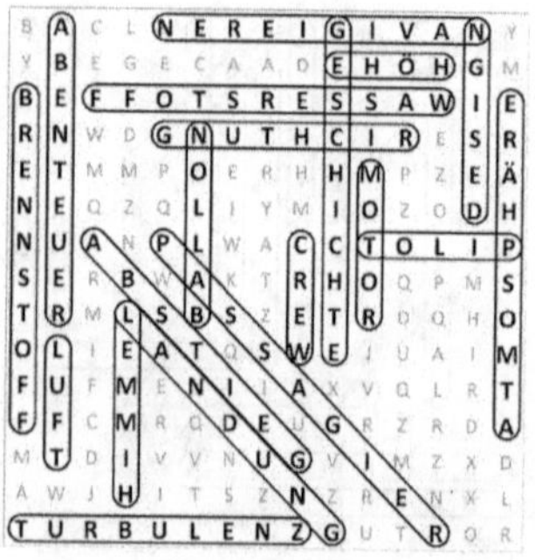

71 - Governo

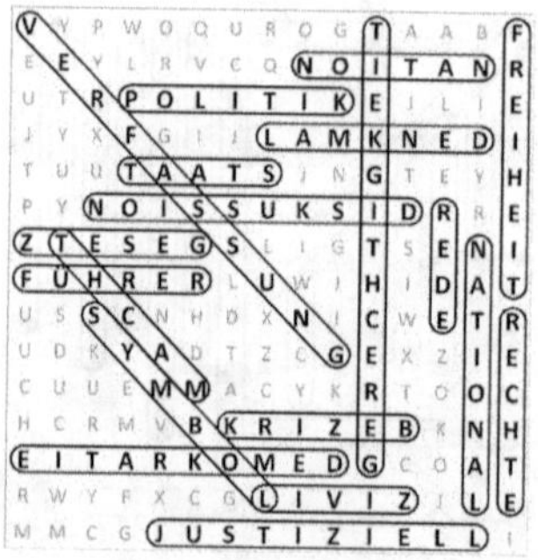

72 - Colori

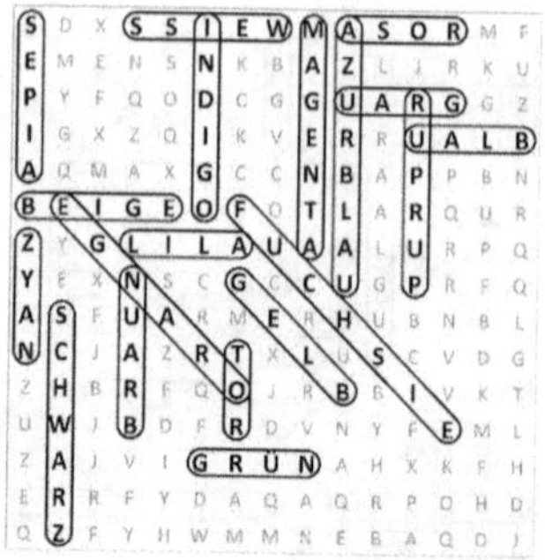

73 - Bellezza

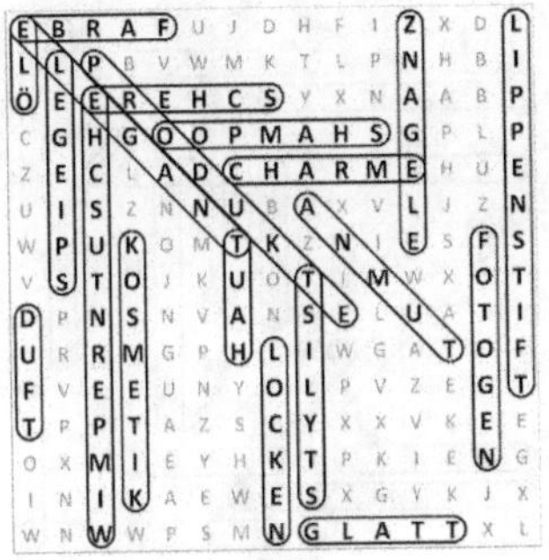

74 - Avventura

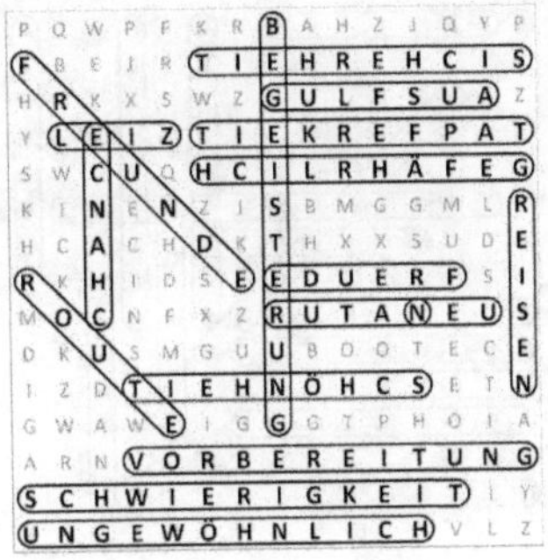

75 - Forme

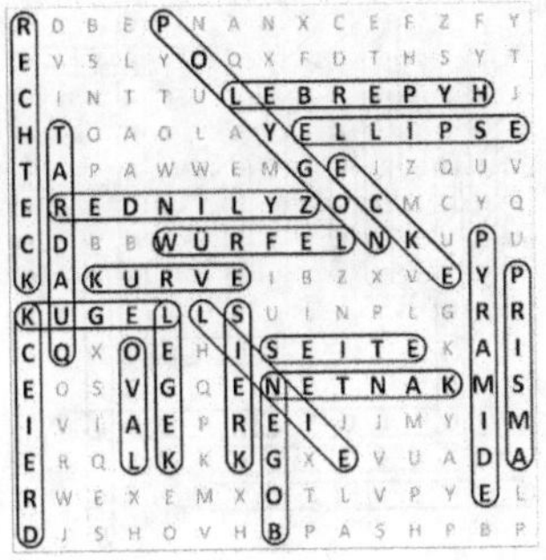

76 - Oceano

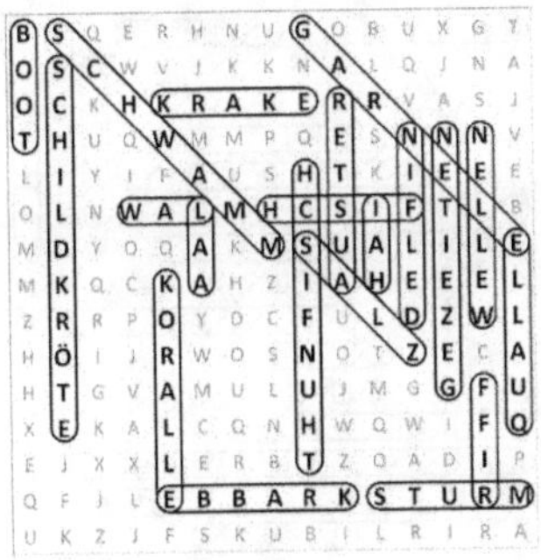

77 - Famiglia

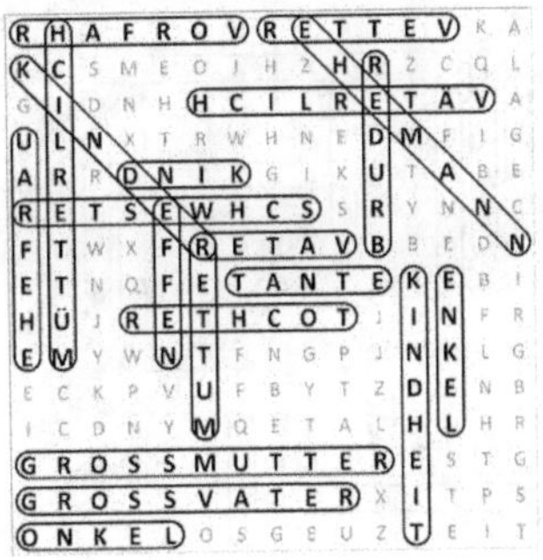

78 - Creatività

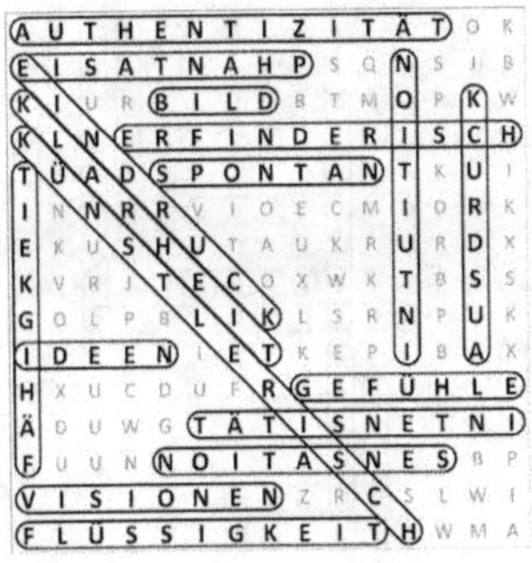

79 - Veicoli

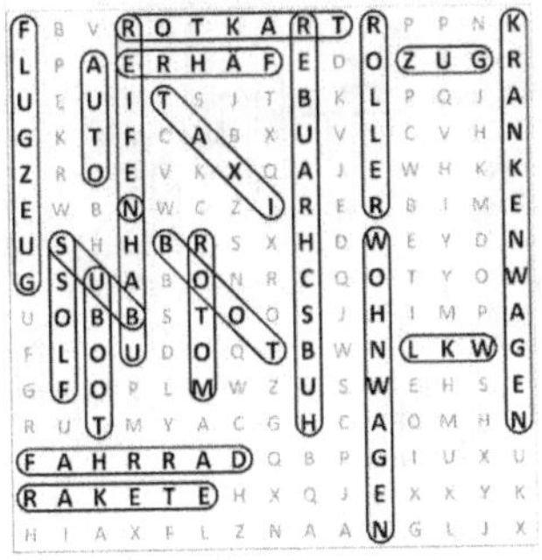

80 - Emozioni

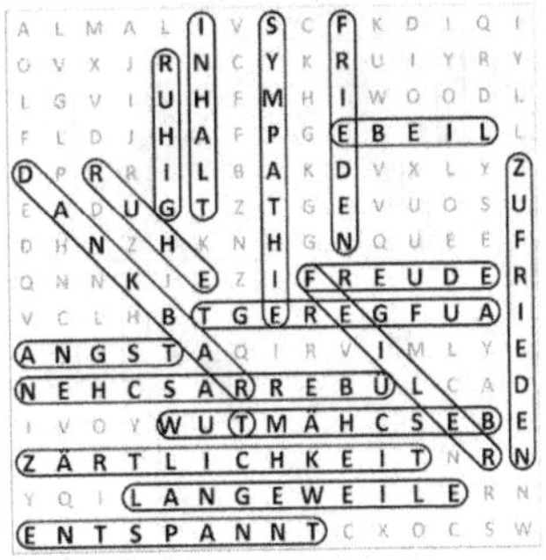

81 - Natura

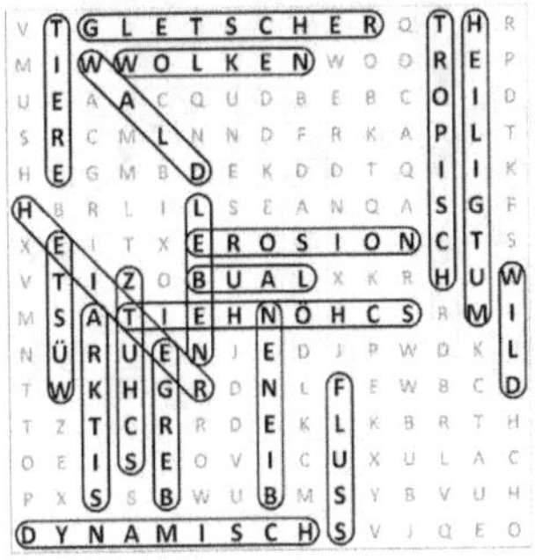

82 - Balletto

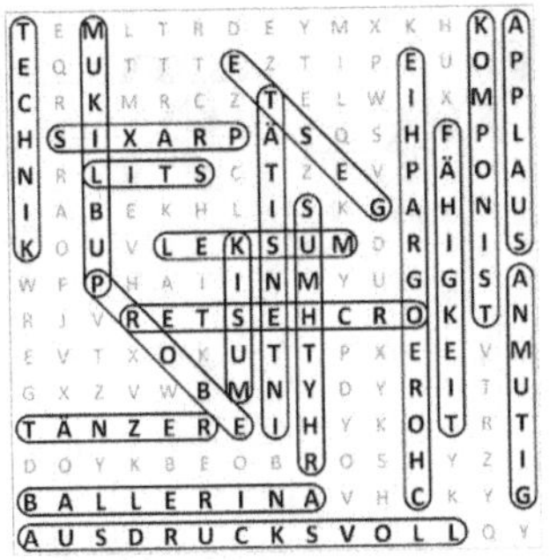

83 - Paesi #1

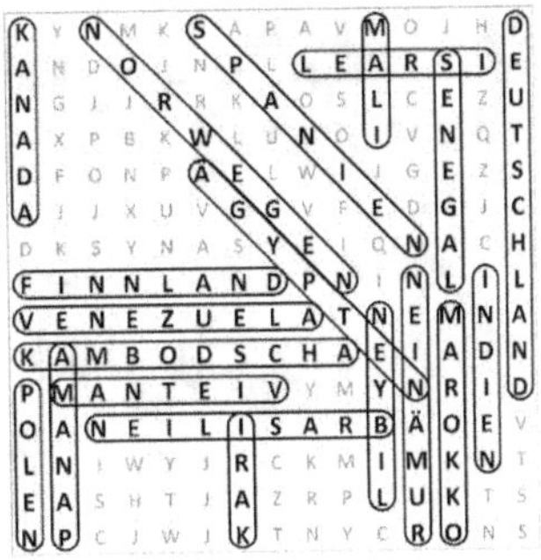

84 - Geometria

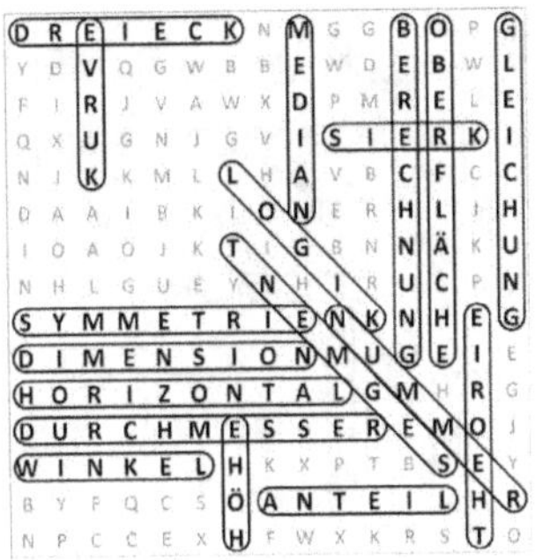

85 - Edifici

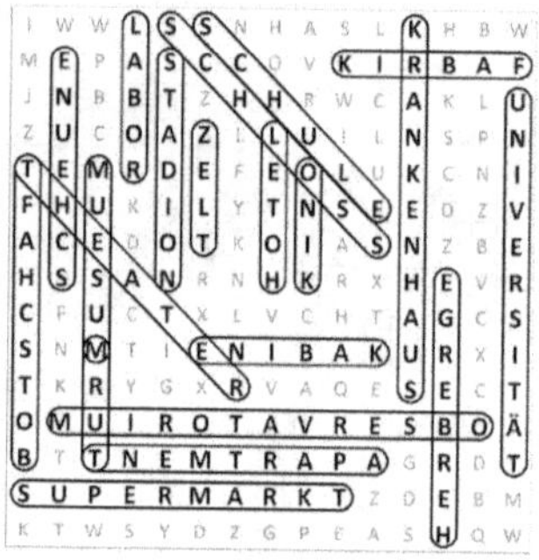

86 - Malattia

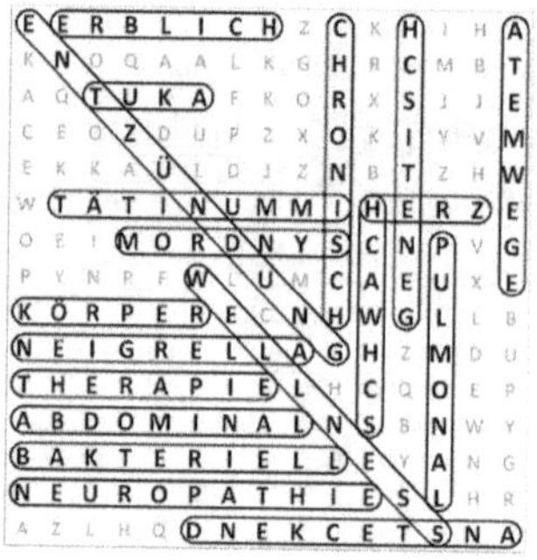

87 - Paesi #2

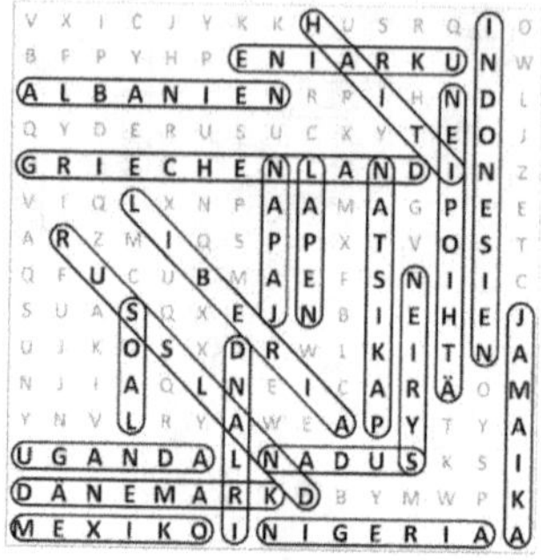

88 - Tipi di Capelli

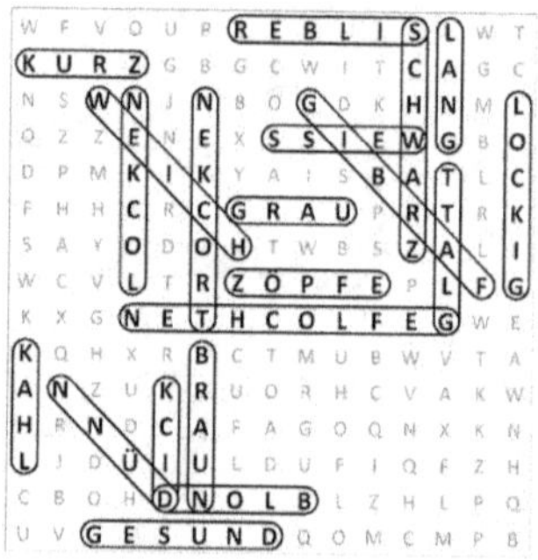

89 - Vestiti

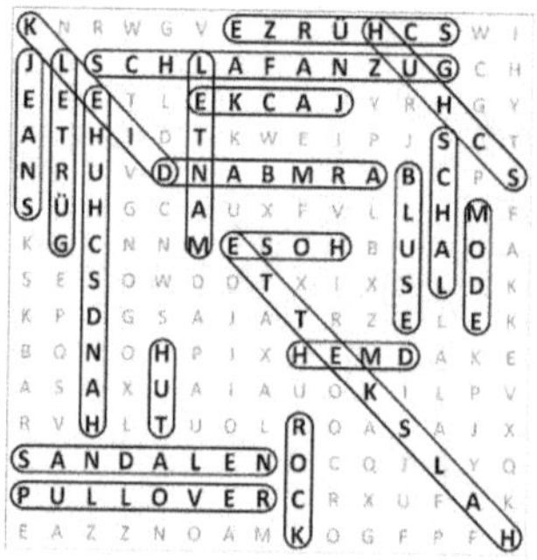

90 - Attività e Tempo Libero

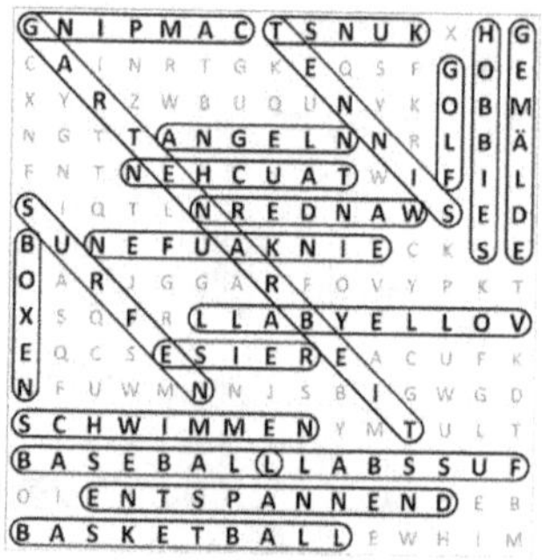

91 - Meteo

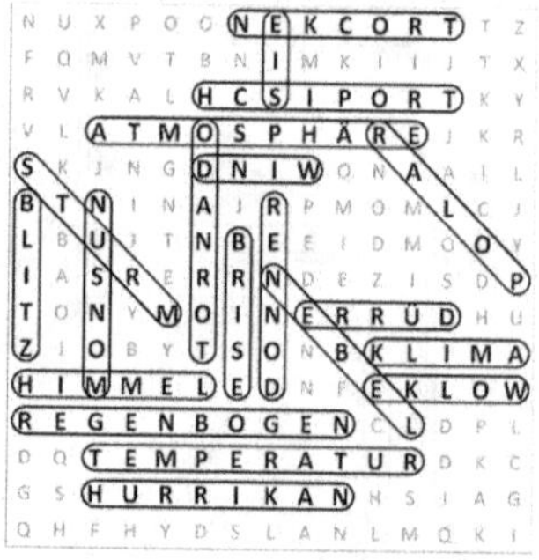

92 - Corpo Umano

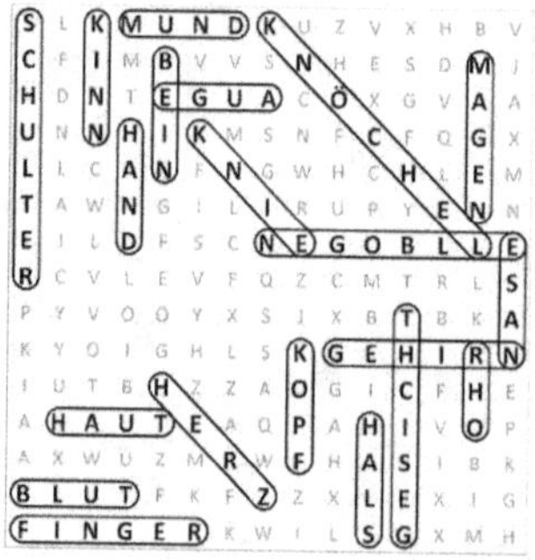

93 - Mammiferi

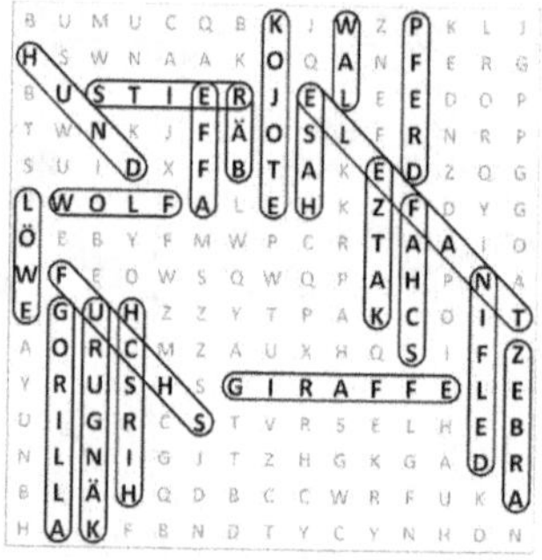

94 - Giardinaggio

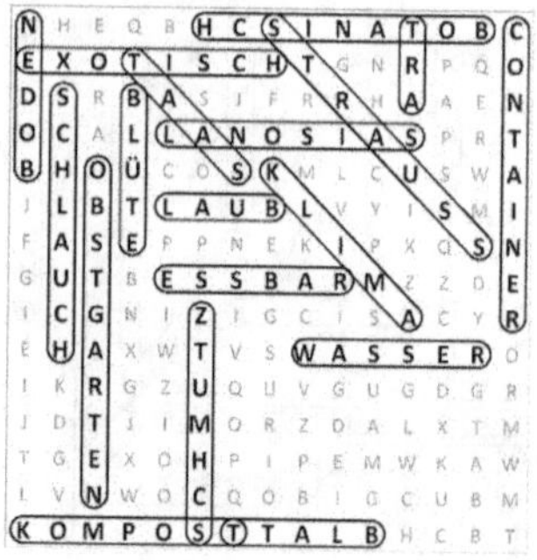

95 - Universo

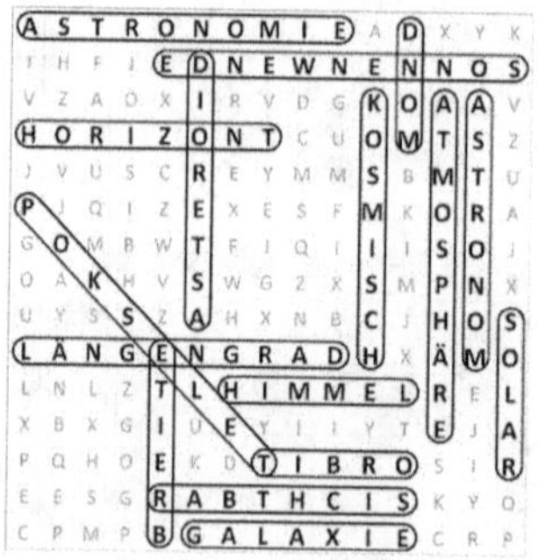

96 - Jazz

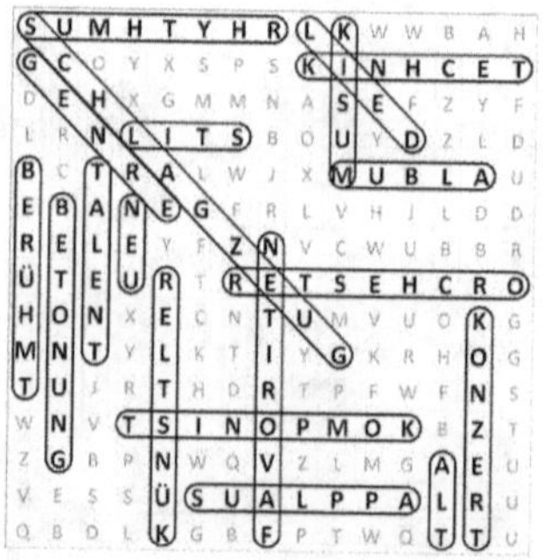

97 - Vacanze #2

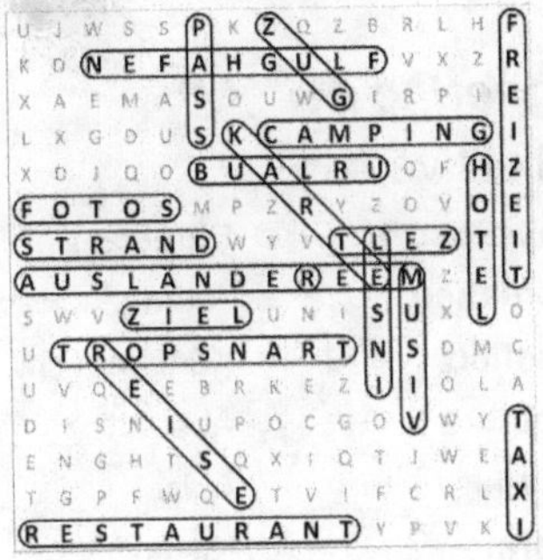

98 - Attività

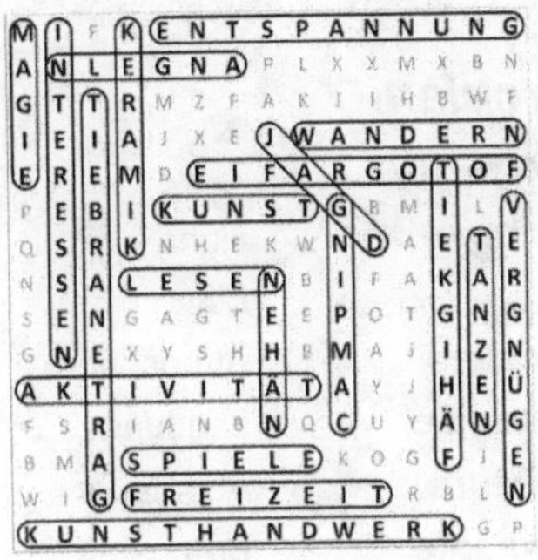

99 - Diplomazia

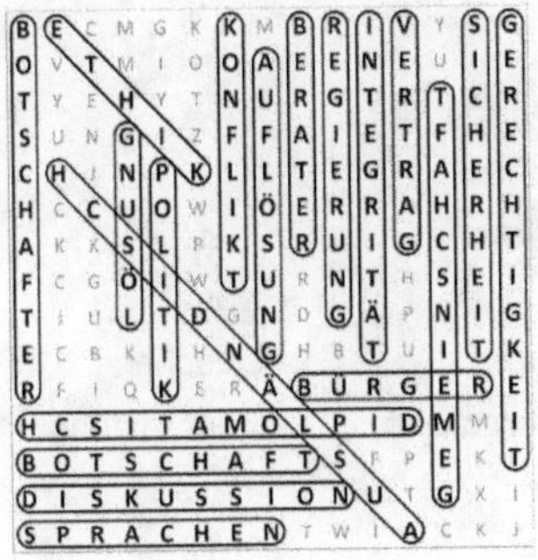

100 - Misurazioni

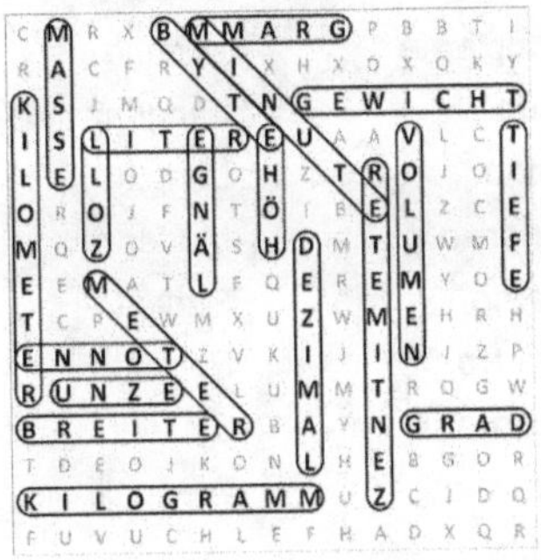

Dizionario

Acqua
Wasser

Alluvione	Flut
Canale	Kanal
Doccia	Dusche
Evaporazione	Verdunstung
Fiume	Fluss
Gelo	Frost
Geyser	Geysir
Ghiaccio	Eis
Irrigazione	Bewässerung
Lago	See
Monsone	Monsun
Neve	Schnee
Oceano	Ozean
Onde	Wellen
Pioggia	Regen
Potabile	Trinkbar
Umidità	Feuchtigkeit
Umido	Feucht
Uragano	Hurrikan
Vapore	Dampf

Aeroplani
Flugzeuge

Altezza	Höhe
Aria	Luft
Atmosfera	Atmosphäre
Atterraggio	Landung
Avventura	Abenteuer
Carburante	Brennstoff
Cielo	Himmel
Costruzione	Konstruktion
Design	Design
Direzione	Richtung
Discesa	Abstieg
Equipaggio	Crew
Idrogeno	Wasserstoff
Motore	Motor
Navigare	Navigieren
Palloncino	Ballon
Passeggero	Passagier
Pilota	Pilot
Storia	Geschichte
Turbolenza	Turbulenz

Aggettivi #1
Adjektive #1

Ambizioso	Ehrgeizig
Aromatico	Aromatisch
Artistico	Künstlerisch
Assoluto	Absolut
Attivo	Aktiv
Enorme	Riesig
Esotico	Exotisch
Generoso	Grosszügig
Giovane	Jung
Grande	Gross
Identico	Identisch
Importante	Wichtig
Lento	Langsam
Lungo	Lang
Moderno	Modern
Onesto	Ehrlich
Perfetto	Perfekt
Pesante	Schwer
Prezioso	Wertvoll
Sottile	Dünn

Aggettivi #2
Adjektive #2

Affamato	Hungrig
Asciutto	Trocken
Autentico	Authentisch
Caldo	Heiss
Creativo	Kreativ
Descrittivo	Beschreibend
Dolce	Süss
Drammatico	Dramatisch
Elegante	Elegant
Famoso	Berühmt
Forte	Stark
Interessante	Interessant
Naturale	Natürlich
Normale	Normal
Nuovo	Neu
Orgoglioso	Stolz
Produttivo	Produktiv
Puro	Rein
Salato	Salzig
Sano	Gesund

Agronomia
Agronomie

Acqua	Wasser
Ambiente	Umwelt
Cibo	Essen
Crescita	Wachstum
Ecologia	Ökologie
Energia	Energie
Erosione	Erosion
Fertilizzante	Dünger
Inquinamento	Verschmutzung
Malattie	Krankheit
Organico	Organisch
Produzione	Produktion
Ricerca	Forschung
Rurale	Ländlich
Scienza	Wissenschaft
Semi	Saat
Sistemi	Systeme
Sostenibile	Nachhaltig
Studio	Studie
Suolo	Boden

Algebra
Algebra

Diagramma	Diagramm
Divisione	Division
Equazione	Gleichung
Esponente	Exponent
Falso	Falsch
Fattore	Faktor
Formula	Formel
Frazione	Bruchteil
Grafico	Graph
Infinito	Unendlich
Lineare	Linear
Matrice	Matrix
Numero	Nummer
Parentesi	Klammern
Problema	Problem
Semplificare	Vereinfachen
Soluzione	Lösung
Sottrazione	Subtraktion
Variabile	Variable
Zero	Null

Antartide
Antarktis

Acqua	Wasser
Ambiente	Umwelt
Baia	Bucht
Balene	Wale
Conservazione	Erhaltung
Continente	Kontinent
Esplorazione	Exploration
Geografia	Geographie
Ghiacciai	Gletscher
Ghiaccio	Eis
Isole	Inseln
Migrazione	Migration
Minerali	Mineralien
Nuvole	Wolken
Penisola	Halbinsel
Ricercatore	Forscher
Roccioso	Felsig
Spedizione	Expedition
Temperatura	Temperatur
Topografia	Topographie

Antiquariato
Antiquitäten

Arte	Kunst
Articolo	Artikel
Asta	Versteigerung
Autentico	Authentisch
Collezionista	Sammler
Condizione	Zustand
Decorativo	Dekorativ
Elegante	Elegant
Galleria	Galerie
Insolito	Ungewöhnlich
Investimento	Investition
Mobilio	Möbel
Monete	Münzen
Prezzo	Preis
Qualità	Qualität
Scultura	Skulptur
Secolo	Jahrhundert
Stile	Stil
Valore	Wert
Vecchio	Alt

Api
Bienen

Ali	Flügel
Alveare	Bienenkorb
Benefico	Vorteilhaft
Cera	Wachs
Cibo	Essen
Diversità	Vielfalt
Ecosistema	Ökosystem
Fiori	Blumen
Fiorire	Blüte
Frutta	Frucht
Fumo	Rauch
Giardino	Garten
Habitat	Lebensraum
Insetto	Insekt
Miele	Honig
Piante	Pflanzen
Polline	Pollen
Regina	Königin
Sciame	Schwarm
Sole	Sonne

Archeologia
Archäologie

Analisi	Analyse
Antichità	Antiquität
Antico	Uralt
Civiltà	Zivilisation
Dimenticato	Vergessen
Discendente	Nachkomme
Era	Ära
Esperto	Experte
Fossile	Fossil
Mistero	Geheimnis
Oggetti	Objekte
Ossa	Knochen
Professore	Professor
Reliquia	Relikt
Ricercatore	Forscher
Sconosciuto	Unbekannt
Squadra	Mannschaft
Tempio	Tempel
Tomba	Grab
Valutazione	Auswertung

Arti Visive
Bildende Kunst

Architettura	Architektur
Argilla	Ton
Artista	Künstler
Capolavoro	Meisterwerk
Carbone	Holzkohle
Cavalletto	Staffelei
Cera	Wachs
Ceramica	Keramik
Creatività	Kreativität
Film	Film
Fotografia	Foto
Gesso	Kreide
Matita	Bleistift
Penna	Stift
Pittura	Gemälde
Prospettiva	Perspektive
Ritratto	Porträt
Scultura	Skulptur
Stampino	Schablone
Vernice	Lack

Astronomia
Astronomie

Asteroide	Asteroid
Astronauta	Astronaut
Astronomo	Astronom
Cielo	Himmel
Cosmo	Kosmos
Costellazione	Konstellation
Galassia	Galaxie
Gravità	Schwerkraft
Luna	Mond
Meteora	Meteor
Nebulosa	Nebel
Osservatorio	Observatorium
Pianeta	Planet
Radiazione	Strahlung
Razzo	Rakete
Supernova	Supernova
Telescopio	Teleskop
Terra	Erde
Universo	Universum
Zodiaco	Tierkreis

Attività
Aktivitäten

Abilità	Fähigkeit
Arte	Kunst
Artigianato	Kunsthandwerk
Attività	Aktivität
Caccia	Jagd
Campeggio	Camping
Ceramica	Keramik
Cucire	Nähen
Danza	Tanzen
Escursioni	Wandern
Fotografia	Fotografie
Giardinaggio	Gartenarbeit
Giochi	Spiele
Interessi	Interessen
Lettura	Lesen
Magia	Magie
Pesca	Angeln
Piacere	Vergnügen
Rilassamento	Entspannung
Tempo Libero	Freizeit

Attività Commerciale
Geschäft

Bilancio	Budget
Carriera	Karriere
Costo	Kosten
Datore di Lavoro	Arbeitgeber
Dipendente	Mitarbeiter
Economia	Wirtschaft
Fabbrica	Fabrik
Finanza	Finanzieren
Investimento	Investition
Merce	Ware
Negozio	Geschäft
Profitto	Gewinn
Reddito	Einkommen
Sconto	Rabatt
Società	Firma
Soldi	Geld
Transazione	Transaktion
Ufficio	Büro
Valuta	Währung
Vendita	Verkauf

Attività e Tempo Libero
Aktivitäten und Freizeit

Arte	Kunst
Baseball	Baseball
Basket	Basketball
Boxe	Boxen
Calcio	Fussball
Campeggio	Camping
Escursioni	Wandern
Giardinaggio	Gartenarbeit
Golf	Golf
Hobby	Hobbies
Immersione	Tauchen
Nuoto	Schwimmen
Pallavolo	Volleyball
Pesca	Angeln
Pittura	Gemälde
Rilassante	Entspannend
Shopping	Einkaufen
Surf	Surfen
Tennis	Tennis
Viaggio	Reise

Avventura
Abenteuer

Amici	Freunde
Attività	Aktivität
Bellezza	Schönheit
Caso	Chance
Coraggio	Tapferkeit
Destinazione	Ziel
Difficoltà	Schwierigkeit
Entusiasmo	Begeisterung
Escursione	Ausflug
Gioia	Freude
Insolito	Ungewöhnlich
Itinerario	Route
Natura	Natur
Navigazione	Navigation
Nuovo	Neu
Opportunità	Gelegenheit
Pericoloso	Gefährlich
Preparazione	Vorbereitung
Sicurezza	Sicherheit
Viaggi	Reisen

Balletto
Ballett

Abilità	Fähigkeit
Applauso	Applaus
Artistico	Künstlerisch
Ballerina	Ballerina
Ballerini	Tänzer
Compositore	Komponist
Coreografia	Choreographie
Espressivo	Ausdrucksvoll
Gesto	Geste
Grazioso	Anmutig
Intensità	Intensität
Muscoli	Muskel
Musica	Musik
Orchestra	Orchester
Pratica	Praxis
Prova	Probe
Pubblico	Publikum
Ritmo	Rhythmus
Stile	Stil
Tecnica	Technik

Barbecue
Barbecues

Caldo	Heiss
Cena	Abendessen
Cibo	Essen
Cipolle	Zwiebeln
Coltelli	Messer
Estate	Sommer
Fame	Hunger
Famiglia	Familie
Frutta	Frucht
Giochi	Spiele
Griglia	Grill
Insalate	Salate
Invito	Einladung
Musica	Musik
Pepe	Pfeffer
Pollo	Huhn
Pomodori	Tomaten
Pranzo	Mittagessen
Sale	Salz
Salsa	Sosse

Bellezza
Schönheit

Colore	Farbe
Cosmetici	Kosmetik
Elegante	Elegant
Eleganza	Eleganz
Fascino	Charme
Forbici	Schere
Fotogenico	Fotogen
Fragranza	Duft
Grazia	Anmut
Liscio	Glatt
Mascara	Wimperntusche
Oli	Öle
Pelle	Haut
Prodotti	Produkte
Riccioli	Locken
Rossetto	Lippenstift
Shampoo	Shampoo
Specchio	Spiegel
Stilista	Stylist

Biologia
Biologie

Anatomia	Anatomie
Batteri	Bakterien
Cellula	Zelle
Collagene	Kollagen
Cromosoma	Chromosom
Embrione	Embryo
Enzima	Enzym
Evoluzione	Evolution
Fotosintesi	Photosynthese
Mammifero	Säugetier
Mutazione	Mutation
Naturale	Natürlich
Nervo	Nerv
Neurone	Neuron
Ormone	Hormon
Osmosi	Osmose
Proteina	Protein
Rettile	Reptil
Simbiosi	Symbiose
Sinapsi	Synapse

Caffè
Kaffee

Acido	Sauer
Acqua	Wasser
Amaro	Bitter
Aroma	Aroma
Arrostito	Geröstet
Bevanda	Getränk
Caffeina	Koffein
Crema	Creme
Filtro	Filter
Gusto	Geschmack
Latte	Milch
Liquido	Flüssigkeit
Macinare	Mahlen
Mattina	Morgen
Nero	Schwarz
Origine	Ursprung
Prezzo	Preis
Tazza	Tasse
Varietà	Vielfalt
Zucchero	Zucker

Campeggio
Camping

Alberi	Bäume
Amaca	Hängematte
Animali	Tiere
Avventura	Abenteuer
Bussola	Kompass
Cabina	Kabine
Caccia	Jagd
Canoa	Kanu
Cappello	Hut
Corda	Seil
Divertimento	Spass
Foresta	Wald
Fuoco	Feuer
Insetto	Insekt
Lago	See
Luna	Mond
Mappa	Karte
Montagna	Berg
Natura	Natur
Tenda	Zelt

Casa
Haus

Attico	Dachboden
Biblioteca	Bibliothek
Camera	Zimmer
Camino	Kamin
Cucina	Küche
Doccia	Dusche
Finestra	Fenster
Garage	Garage
Giardino	Garten
Lampada	Lampe
Parete	Wand
Pavimento	Boden
Porta	Tür
Recinto	Zaun
Rubinetto	Wasserhahn
Scopa	Besen
Soffitto	Decke
Specchio	Spiegel
Tappeto	Teppich
Tetto	Dach

Chimica
Chemie

Acido	Säure
Alcalino	Alkalisch
Atomico	Atomic
Calore	Hitze
Carbonio	Kohlenstoff
Catalizzatore	Katalysator
Cloro	Chlor
Elettrone	Elektron
Enzima	Enzym
Gas	Gas
Idrogeno	Wasserstoff
Ione	Ion
Liquido	Flüssigkeit
Molecola	Molekül
Nucleare	Nuklear
Organico	Organisch
Ossigeno	Sauerstoff
Peso	Gewicht
Sale	Salz
Temperatura	Temperatur

Cibo #1
Essen #1

Aglio	Knoblauch
Basilico	Basilikum
Cannella	Zimt
Carne	Fleisch
Carota	Karotte
Cipolla	Zwiebel
Fragola	Erdbeere
Insalata	Salat
Latte	Milch
Limone	Zitrone
Menta	Minze
Orzo	Gerste
Pera	Birne
Rapa	Rübe
Sale	Salz
Spinaci	Spinat
Succo	Saft
Tonno	Thunfisch
Torta	Kuchen
Zucchero	Zucker

Cibo #2
Essen #2

Banana	Banane
Broccolo	Brokkoli
Ciliegia	Kirsche
Cioccolato	Schokolade
Formaggio	Käse
Fungo	Pilz
Grano	Weizen
Kiwi	Kiwi
Mela	Apfel
Melanzana	Aubergine
Pane	Brot
Pesce	Fisch
Pollo	Huhn
Pomodoro	Tomate
Prosciutto	Schinken
Riso	Reis
Sedano	Sellerie
Uovo	Ei
Uva	Traube
Yogurt	Joghurt

Cioccolato
Schokolade

Amaro	Bitter
Antiossidante	Antioxidans
Arachidi	Erdnüsse
Aroma	Aroma
Artigianale	Handwerklich
Cacao	Kakao
Calorie	Kalorien
Caramello	Karamell
Delizioso	Köstlich
Dolce	Süss
Esotico	Exotisch
Gusto	Geschmack
Ingrediente	Zutat
Mangiare	Essen
Noce di Cocco	Kokosnuss
Polvere	Pulver
Preferito	Favorit
Qualità	Qualität
Ricetta	Rezept
Zucchero	Zucker

Città
Stadt

Aeroporto	Flughafen
Banca	Bank
Biblioteca	Bibliothek
Cinema	Kino
Clinica	Klinik
Farmacia	Apotheke
Fiorista	Blumenhändler
Galleria	Galerie
Hotel	Hotel
Libreria	Buchhandlung
Mercato	Markt
Museo	Museum
Negozio	Geschäft
Panetteria	Bäckerei
Scuola	Schule
Stadio	Stadion
Supermercato	Supermarkt
Teatro	Theater
Università	Universität
Zoo	Zoo

Colori
Farben

Arancia	Orange
Azzurro	Azurblau
Beige	Beige
Bianco	Weiss
Blu	Blau
Ciano	Zyan
Cremisi	Purpur
Fucsia	Fuchsie
Giallo	Gelb
Grigio	Grau
Indaco	Indigo
Magenta	Magenta
Marrone	Braun
Nero	Schwarz
Rosa	Rosa
Rosso	Rot
Seppia	Sepia
Verde	Grün
Viola	Lila

Corpo Umano
Menschlicher Körper

Bocca	Mund
Caviglia	Knöchel
Cervello	Gehirn
Collo	Hals
Cuore	Herz
Dito	Finger
Faccia	Gesicht
Gamba	Bein
Ginocchio	Knie
Gomito	Ellbogen
Mano	Hand
Mento	Kinn
Naso	Nase
Occhio	Auge
Orecchio	Ohr
Pelle	Haut
Sangue	Blut
Spalla	Schulter
Stomaco	Magen
Testa	Kopf

Creatività
Kreativität

Abilità	Fähigkeit
Artistico	Künstlerisch
Autenticità	Authentizität
Chiarezza	Klarheit
Drammatico	Dramatisch
Espressione	Ausdruck
Fluidità	Flüssigkeit
Idee	Ideen
Immaginazione	Phantasie
Immagine	Bild
Impressione	Eindruck
Intensità	Intensität
Intuizione	Intuition
Inventivo	Erfinderisch
Ispirazione	Inspiration
Sensazione	Sensation
Sentimenti	Gefühle
Spontaneo	Spontan
Visioni	Visionen
Vitalità	Vitalität

Danza
Tanzen

Accademia	Akademie
Arte	Kunst
Classico	Klassisch
Compagno	Partner
Coreografia	Choreographie
Corpo	Körper
Cultura	Kultur
Culturale	Kulturell
Emozione	Emotion
Espressivo	Ausdrucksvoll
Gioioso	Freudig
Grazia	Anmut
Movimento	Bewegung
Musica	Musik
Postura	Haltung
Prova	Probe
Ritmo	Rhythmus
Salto	Springen
Tradizionale	Traditionell
Visivo	Visuell

Diplomazia
Diplomatie

Ambasciata	Botschaft
Ambasciatore	Botschafter
Cittadini	Bürger
Comunità	Gemeinschaft
Conflitto	Konflikt
Consigliere	Berater
Diplomatico	Diplomatisch
Discussione	Diskussion
Etica	Ethik
Giustizia	Gerechtigkeit
Governo	Regierung
Integrità	Integrität
Lingue	Sprachen
Politica	Politik
Risoluzione	Auflösung
Sicurezza	Sicherheit
Soluzione	Lösung
Straniero	Ausländisch
Trattato	Vertrag
Umanitario	Humanitär

Discipline Scientifiche
Wissenschaftliche Disziplinen

Anatomia	Anatomie
Archeologia	Archäologie
Astronomia	Astronomie
Biochimica	Biochemie
Biologia	Biologie
Botanica	Botanik
Chimica	Chemie
Ecologia	Ökologie
Fisiologia	Physiologie
Geologia	Geologie
Immunologia	Immunologie
Linguistica	Linguistik
Meccanica	Mechanik
Meteorologia	Meteorologie
Mineralogia	Mineralogie
Neurologia	Neurologie
Psicologia	Psychologie
Sociologia	Soziologie
Termodinamica	Thermodynamik
Zoologia	Zoologie

Ecologia
Ökologie

Clima	Klima
Comunità	Gemeinschaft
Diversità	Vielfalt
Fauna	Fauna
Flora	Flora
Globale	Global
Habitat	Lebensraum
Marino	Marine
Montagne	Berge
Natura	Natur
Naturale	Natürlich
Palude	Sumpf
Piante	Pflanzen
Risorse	Ressourcen
Siccità	Dürre
Sopravvivenza	Überleben
Sostenibile	Nachhaltig
Specie	Art
Vegetazione	Vegetation
Volontari	Freiwillige

Edifici
Gebäude

Ambasciata	Botschaft
Appartamento	Apartment
Cabina	Kabine
Castello	Schloss
Cinema	Kino
Fabbrica	Fabrik
Fienile	Scheune
Hotel	Hotel
Laboratorio	Labor
Museo	Museum
Ospedale	Krankenhaus
Osservatorio	Observatorium
Ostello	Herberge
Scuola	Schule
Stadio	Stadion
Supermercato	Supermarkt
Teatro	Theater
Tenda	Zelt
Torre	Turm
Università	Universität

Elettricità
Elektrizität

Attrezzatura	Ausrüstung
Batteria	Batterie
Cavo	Kabel
Conservazione	Lagerung
Elettricista	Elektriker
Elettrico	Elektrisch
Fili	Drähte
Generatore	Generator
Lampada	Lampe
Laser	Laser
Magnete	Magnet
Negativo	Negativ
Oggetti	Objekte
Positivo	Positiv
Presa	Steckdose
Quantità	Menge
Rete	Netzwerk
Telefono	Telefon
Televisione	Fernsehen

Emozioni
Emotionen

Amore	Liebe
Calma	Ruhig
Contenuto	Inhalt
Eccitato	Aufgeregt
Gioia	Freude
Grato	Dankbar
Imbarazzato	Beschämt
Noia	Langeweile
Pace	Frieden
Paura	Angst
Rabbia	Wut
Rilassato	Entspannt
Rilievo	Relief
Simpatia	Sympathie
Soddisfatto	Zufrieden
Sorpresa	Überraschen
Tenerezza	Zärtlichkeit
Tranquillità	Ruhe
Tristezza	Traurigkeit

Energia
Energie

Ambiente	Umwelt
Batteria	Batterie
Benzina	Benzin
Calore	Hitze
Carbonio	Kohlenstoff
Carburante	Brennstoff
Diesel	Diesel
Elettrico	Elektrisch
Elettrone	Elektron
Entropia	Entropie
Fotone	Photon
Idrogeno	Wasserstoff
Industria	Industrie
Inquinamento	Verschmutzung
Motore	Motor
Nucleare	Nuklear
Rinnovabile	Erneuerbar
Turbina	Turbine
Vapore	Dampf
Vento	Wind

Erboristeria
Kräuterkunde

Aglio	Knoblauch
Aneto	Dill
Aromatico	Aromatisch
Basilico	Basilikum
Culinario	Kulinarisch
Dragoncello	Estragon
Finocchio	Fenchel
Fiore	Blume
Giardino	Garten
Ingrediente	Zutat
Lavanda	Lavendel
Maggiorana	Majoran
Menta	Minze
Origano	Oregano
Prezzemolo	Petersilie
Qualità	Qualität
Rosmarino	Rosmarin
Timo	Thymian
Verde	Grün
Zafferano	Safran

Escursionismo
Wandern

Acqua	Wasser
Animali	Tiere
Campeggio	Camping
Clima	Klima
Guide	Führer
Mappa	Karte
Montagna	Berg
Natura	Natur
Orientamento	Orientierung
Parchi	Parks
Pericoli	Gefahren
Pesante	Schwer
Pietre	Steine
Preparazione	Vorbereitung
Scogliera	Klippe
Selvaggio	Wild
Sole	Sonne
Stanco	Müde
Stivali	Stiefel
Vertice	Gipfel

Famiglia
Familie

Antenato	Vorfahr
Bambini	Kinder
Bambino	Kind
Cugino	Vetter
Figlia	Tochter
Fratello	Bruder
Infanzia	Kindheit
Madre	Mutter
Marito	Ehemann
Materno	Mütterlich
Moglie	Ehefrau
Nipote	Neffe
Nipote	Enkel
Nonna	Grossmutter
Nonno	Grossvater
Padre	Vater
Paterno	Väterlich
Sorella	Schwester
Zia	Tante
Zio	Onkel

Fantascienza
Science Fiction

Atomico	Atomic
Cinema	Kino
Distopia	Dystopie
Esplosione	Explosion
Estremo	Extrem
Fantastico	Fantastisch
Fuoco	Feuer
Futuristico	Futuristisch
Galassia	Galaxie
Illusione	Illusion
Immaginario	Imaginär
Libri	Bücher
Misterioso	Geheimnisvoll
Mondo	Welt
Oracolo	Orakel
Pianeta	Planet
Realistico	Realistisch
Robot	Roboter
Tecnologia	Technologie
Utopia	Utopie

Fattoria #1
Bauernhof #1

Acqua	Wasser
Ape	Biene
Asino	Esel
Campo	Feld
Cane	Hund
Capra	Ziege
Cavallo	Pferd
Fertilizzante	Dünger
Fieno	Heu
Gatto	Katze
Gregge	Herde
Maiale	Schwein
Miele	Honig
Mucca	Kuh
Pollo	Huhn
Recinto	Zaun
Riso	Reis
Semi	Saat
Terra	Land
Vitello	Kalb

Fattoria #2
Bauernhof #2

Agnello	Lamm
Agricoltore	Bauer
Alveare	Bienenstock
Anatra	Ente
Animali	Tiere
Cibo	Essen
Fienile	Scheune
Frutta	Frucht
Frutteto	Obstgarten
Grano	Weizen
Irrigazione	Bewässerung
Lama	Lama
Latte	Milch
Mais	Mais
Oche	Gänse
Orzo	Gerste
Pastore	Schäfer
Pecora	Schaf
Prato	Wiese
Trattore	Traktor

Filantropia
Philanthropie

Bambini	Kinder
Bisogno	Brauchen
Carità	Nächstenliebe
Comunità	Gemeinschaft
Contatti	Kontakte
Donare	Spenden
Finanza	Finanzieren
Fondi	Mittel
Gioventù	Jugend
Globale	Global
Gruppi	Gruppen
Missione	Mission
Obiettivi	Ziele
Onestà	Ehrlichkeit
Persone	Menschen
Programmi	Programme
Pubblico	Öffentlich
Storia	Geschichte
Umanità	Menschheit

Fiori
Blumen

Dente di Leone	Löwenzahn
Gardenia	Gardenie
Gelsomino	Jasmin
Giglio	Lilie
Girasole	Sonnenblume
Ibisco	Hibiskus
Lavanda	Lavendel
Lilla	Lila
Magnolia	Magnolie
Margherita	Gänseblümchen
Mazzo	Strauss
Orchidea	Orchidee
Papavero	Mohn
Passiflora	Passionsblume
Peonia	Pfingstrose
Petalo	Blütenblatt
Plumeria	Plumeria
Rosa	Rose
Trifoglio	Klee
Tulipano	Tulpe

Fisica
Physik

Atomo	Atom
Caos	Chaos
Chimico	Chemisch
Densità	Dichte
Elettrone	Elektron
Espansione	Expansion
Formula	Formel
Frequenza	Frequenz
Gas	Gas
Grafico	Graph
Gravità	Schwerkraft
Magnetismo	Magnetismus
Meccanica	Mechanik
Molecola	Molekül
Motore	Motor
Nucleare	Nuklear
Particella	Partikel
Relatività	Relativität
Universale	Universal
Variabile	Variable

Forme
Formen

Angolo	Ecke
Arco	Bogen
Bordi	Kanten
Cerchio	Kreis
Cilindro	Zylinder
Cono	Kegel
Cubo	Würfel
Curva	Kurve
Ellisse	Ellipse
Iperbole	Hyperbel
Lato	Seite
Linea	Linie
Ovale	Oval
Piramide	Pyramide
Poligono	Polygon
Prisma	Prisma
Quadrato	Quadrat
Rettangolo	Rechteck
Sfera	Kugel
Triangolo	Dreieck

Frutta
Obst

Albicocca	Aprikose
Ananas	Ananas
Arancia	Orange
Avocado	Avocado
Bacca	Beere
Banana	Banane
Ciliegia	Kirsche
Kiwi	Kiwi
Lampone	Himbeere
Limone	Zitrone
Mango	Mango
Mela	Apfel
Melone	Melone
Mora	Brombeere
Nettarina	Nektarine
Papaia	Papaya
Pera	Birne
Pesca	Pfirsich
Prugna	Pflaume
Uva	Traube

Geografia
Geographie

Altitudine	Höhe
Atlante	Atlas
Città	Stadt
Continente	Kontinent
Emisfero	Hemisphäre
Fiume	Fluss
Isola	Insel
Latitudine	Breite
Longitudine	Längengrad
Mappa	Karte
Mare	Meer
Meridiano	Meridian
Mondo	Welt
Montagna	Berg
Nord	Norden
Ovest	West
Paese	Land
Regione	Region
Sud	Süden
Territorio	Gebiet

Geologia
Geologie

Acido	Säure
Altopiano	Plateau
Calcio	Kalzium
Caverna	Höhle
Continente	Kontinent
Corallo	Koralle
Cristalli	Kristalle
Erosione	Erosion
Fossile	Fossil
Geyser	Geysir
Lava	Lava
Minerali	Mineralien
Pietra	Stein
Quarzo	Quarz
Sale	Salz
Stalagmiti	Stalagmiten
Stalattite	Stalaktit
Strato	Schicht
Terremoto	Erdbeben
Vulcano	Vulkan

Geometria
Geometrie

Altezza	Höhe
Angolo	Winkel
Calcolo	Berechnung
Cerchio	Kreis
Curva	Kurve
Diametro	Durchmesser
Dimensione	Dimension
Equazione	Gleichung
Logica	Logik
Mediano	Median
Numero	Nummer
Orizzontale	Horizontal
Parallelo	Parallel
Proporzione	Anteil
Segmento	Segment
Simmetria	Symmetrie
Superficie	Oberfläche
Teoria	Theorie
Triangolo	Dreieck
Verticale	Vertikal

Giardinaggio
Gartenarbeit

Acqua	Wasser
Botanico	Botanisch
Clima	Klima
Commestibile	Essbar
Compost	Kompost
Contenitore	Container
Esotico	Exotisch
Fiorire	Blüte
Foglia	Blatt
Fogliame	Laub
Frutteto	Obstgarten
Mazzo	Strauss
Semi	Saat
Specie	Art
Sporco	Schmutz
Stagionale	Saisonal
Suolo	Boden
Tubo	Schlauch
Umidità	Feuchtigkeit

Giardino
Garten

Albero	Baum
Amaca	Hängematte
Cespuglio	Busch
Erba	Gras
Erbacce	Unkraut
Fiore	Blume
Frutteto	Obstgarten
Garage	Garage
Giardino	Garten
Pala	Schaufel
Panca	Bank
Portico	Veranda
Prato	Rasen
Rastrello	Rechen
Recinto	Zaun
Stagno	Teich
Suolo	Boden
Terrazza	Terrasse
Trampolino	Trampolin
Tubo	Schlauch

Giorni e Mesi
Tage und Monate

Agosto	August
Anno	Jahr
Aprile	April
Calendario	Kalender
Dicembre	Dezember
Domenica	Sonntag
Febbraio	Februar
Gennaio	Januar
Giugno	Juni
Luglio	Juli
Lunedì	Montag
Martedì	Dienstag
Mercoledì	Mittwoch
Mese	Monat
Novembre	November
Ottobre	Oktober
Sabato	Samstag
Settembre	September
Settimana	Woche
Venerdì	Freitag

Governo
Regierung

Capo	Führer
Civile	Zivil
Costituzione	Verfassung
Democrazia	Demokratie
Diritti	Rechte
Discorso	Rede
Discussione	Diskussion
Giudiziario	Justiziell
Giustizia	Gerechtigkeit
Legge	Gesetz
Libertà	Freiheit
Monumento	Denkmal
Nazionale	National
Nazione	Nation
Politica	Politik
Potenza	Macht
Quartiere	Bezirk
Simbolo	Symbol
Stato	Staat
Uguaglianza	Gleichheit

Guida
Fahren

Attenzione	Vorsicht
Auto	Auto
Autobus	Bus
Carburante	Brennstoff
Freni	Bremsen
Garage	Garage
Gas	Gas
Incidente	Unfall
Licenza	Lizenz
Mappa	Karte
Moto	Motorrad
Motore	Motor
Pedonale	Fussgänger
Pericolo	Gefahr
Polizia	Polizei
Sicurezza	Sicherheit
Strada	Strasse
Traffico	Verkehr
Trasporto	Transport
Tunnel	Tunnel

Imbarcazioni
Boote

Albero	Mast
Ancora	Anker
Barca a Vela	Segelboot
Boa	Boje
Canoa	Kanu
Corda	Seil
Equipaggio	Crew
Fiume	Fluss
Kayak	Kajak
Lago	See
Mare	Meer
Marea	Tide
Marinaio	Seemann
Motore	Motor
Nautico	Nautisch
Oceano	Ozean
Onde	Wellen
Traghetto	Fähre
Yacht	Yacht
Zattera	Floss

Immigrazione
Einwanderung

Adulti	Erwachsene
Aiuto	Hilfe
Alloggio	Gehäuse
Amministrazione	Verwaltung
Approvazione	Genehmigung
Bambini	Kinder
Comunicazione	Kommunikation
Finanziamento	Finanzierung
Frontiere	Grenzen
Legge	Gesetz
Lingua	Sprache
Processo	Prozess
Protezione	Schutz
Scadenza	Frist
Situazione	Situation
Soluzione	Lösung
Stress	Stress
Trattativa	Verhandlung
Ufficiale	Offizier

Ingegneria
Ingenieurwesen

Angolo	Winkel
Asse	Achse
Calcolo	Berechnung
Costruzione	Konstruktion
Diagramma	Diagramm
Diametro	Durchmesser
Diesel	Diesel
Distribuzione	Verteilung
Energia	Energie
Forza	Stärke
Ingranaggi	Getriebe
Liquido	Flüssigkeit
Macchina	Maschine
Misurazione	Messung
Motore	Motor
Profondità	Tiefe
Propulsione	Antrieb
Rotazione	Drehung
Stabilità	Stabilität
Struttura	Struktur

Jazz
Jazz

Album	Album
Applauso	Applaus
Artista	Künstler
Batteria	Schlagzeug
Canzone	Lied
Compositore	Komponist
Concerto	Konzert
Enfasi	Betonung
Famoso	Berühmt
Genere	Genre
Improvvisazione	Improvisation
Musica	Musik
Nuovo	Neu
Orchestra	Orchester
Preferiti	Favoriten
Ritmo	Rhythmus
Stile	Stil
Talento	Talent
Tecnica	Technik
Vecchio	Alt

Letteratura
Literatur

Analisi	Analyse
Analogia	Analogie
Aneddoto	Anekdote
Autore	Autor
Biografia	Biographie
Confronto	Vergleich
Critica	Kritik
Descrizione	Beschreibung
Dialogo	Dialog
Genere	Genre
Metafora	Metapher
Opinione	Meinung
Poesia	Gedicht
Poetico	Poetisch
Rima	Reim
Ritmo	Rhythmus
Romanzo	Roman
Stile	Stil
Tema	Thema
Tragedia	Tragödie

Libri
Bücher

Autore	Autor
Avventura	Abenteuer
Collezione	Kollektion
Contesto	Kontext
Dualità	Dualität
Epico	Episch
Inventivo	Erfinderisch
Letterario	Literarisch
Lettore	Leser
Narratore	Erzähler
Pagina	Seite
Poesia	Poesie
Rilevante	Relevant
Romanzo	Roman
Scritto	Geschrieben
Serie	Serie
Storia	Geschichte
Storico	Historisch
Tragico	Tragisch
Umoristico	Humorvoll

Malattia
Krankheit

Acuto	Akut
Addominale	Abdominal
Allergie	Allergien
Batterico	Bakteriell
Benessere	Wellness
Contagioso	Ansteckend
Corpo	Körper
Cronico	Chronisch
Cuore	Herz
Debole	Schwach
Ereditario	Erblich
Genetico	Genetisch
Immunità	Immunität
Infiammazione	Entzündung
Neuropatia	Neuropathie
Polmonare	Pulmonal
Respiratorio	Atemwege
Salute	Gesundheit
Sindrome	Syndrom
Terapia	Therapie

Mammiferi
Säugetiere

Balena	Wal
Cane	Hund
Canguro	Känguru
Cavallo	Pferd
Cervo	Hirsch
Coniglio	Hase
Coyote	Kojote
Delfino	Delfin
Elefante	Elefant
Gatto	Katze
Giraffa	Giraffe
Gorilla	Gorilla
Leone	Löwe
Lupo	Wolf
Orso	Bär
Pecora	Schaf
Scimmia	Affe
Toro	Stier
Volpe	Fuchs
Zebra	Zebra

Matematica
Mathematik

Angoli	Winkel
Aritmetica	Arithmetik
Decimale	Dezimal
Diametro	Durchmesser
Divisione	Division
Equazione	Gleichung
Esponente	Exponent
Frazione	Bruchteil
Geometria	Geometrie
Parallelo	Parallel
Perimetro	Umfang
Perpendicolare	Senkrecht
Poligono	Polygon
Quadrato	Quadrat
Raggio	Radius
Rettangolo	Rechteck
Simmetria	Symmetrie
Somma	Summe
Triangolo	Dreieck
Volume	Volumen

Meditazione
Meditation

Accettazione	Annahme
Calma	Ruhig
Chiarezza	Klarheit
Compassione	Mitgefühl
Felicità	Glück
Gratitudine	Dankbarkeit
Insegnamenti	Lehre
Intuizione	Einblick
Mentale	Geistig
Mente	Verstand
Movimento	Bewegung
Musica	Musik
Natura	Natur
Pace	Frieden
Pensieri	Gedanken
Postura	Haltung
Prospettiva	Perspektive
Respirazione	Atmung
Silenzio	Stille
Sveglio	Wach

Meteo
Wetter

Arcobaleno	Regenbogen
Asciutto	Trocken
Atmosfera	Atmosphäre
Brezza	Brise
Cielo	Himmel
Clima	Klima
Fulmine	Blitz
Ghiaccio	Eis
Monsone	Monsun
Nebbia	Nebel
Nube	Wolke
Polare	Polar
Siccità	Dürre
Temperatura	Temperatur
Tempesta	Sturm
Tornado	Tornado
Tropicale	Tropisch
Tuono	Donner
Uragano	Hurrikan
Vento	Wind

Misurazioni
Messungen

Altezza	Höhe
Byte	Byte
Centimetro	Zentimeter
Chilogrammo	Kilogramm
Chilometro	Kilometer
Decimale	Dezimal
Grado	Grad
Grammo	Gramm
Larghezza	Breite
Litro	Liter
Lunghezza	Länge
Massa	Masse
Metro	Meter
Minuto	Minute
Oncia	Unze
Peso	Gewicht
Pollice	Zoll
Profondità	Tiefe
Tonnellata	Tonne
Volume	Volumen

Mitologia
Mythologie

Archetipo	Archetyp
Comportamento	Verhalten
Creatura	Kreatur
Creazione	Kreation
Cultura	Kultur
Disastro	Katastrophe
Divinità	Gottheiten
Eroe	Held
Forza	Stärke
Fulmine	Blitz
Gelosia	Eifersucht
Guerriero	Krieger
Labirinto	Labyrinth
Leggenda	Legende
Magico	Magisch
Mortale	Sterblich
Mostro	Monster
Paradiso	Himmel
Tuono	Donner
Vendetta	Rache

Moda
Mode

Abbigliamento	Kleidung
Boutique	Boutique
Caro	Teuer
Confortevole	Komfortabel
Elegante	Elegant
Modello	Muster
Moderno	Modern
Modesto	Bescheiden
Originale	Original
Pizzo	Spitze
Pratico	Praktisch
Pulsanti	Tasten
Ricamo	Stickerei
Semplice	Einfach
Sofisticato	Anspruchsvoll
Stile	Stil
Tendenza	Trend
Tessuto	Stoff
Trama	Textur

Musica
Musik

Album	Album
Armonia	Harmonie
Armonico	Harmonisch
Ballata	Ballade
Cantante	Sänger
Cantare	Singen
Classico	Klassisch
Coro	Chor
Lirico	Lyrisch
Melodia	Melodie
Microfono	Mikrofon
Musicale	Musical
Musicista	Musiker
Opera	Oper
Poetico	Poetisch
Registrazione	Aufnahme
Ritmico	Rhythmisch
Ritmo	Rhythmus
Strumento	Instrument
Tempo	Tempo

Natura
Natur

Animali	Tiere
Api	Bienen
Artico	Arktis
Bellezza	Schönheit
Deserto	Wüste
Dinamico	Dynamisch
Erosione	Erosion
Fiume	Fluss
Fogliame	Laub
Foresta	Wald
Ghiacciaio	Gletscher
Montagne	Berge
Nebbia	Nebel
Nuvole	Wolken
Rifugio	Schutz
Santuario	Heiligtum
Selvaggio	Wild
Sereno	Heiter
Tropicale	Tropisch
Vitale	Lebenswichtig

Numeri
Zahlen

Cinque	Fünf
Decimale	Dezimal
Diciannove	Neunzehn
Diciassette	Siebzehn
Diciotto	Achtzehn
Dieci	Zehn
Dodici	Zwölf
Due	Zwei
Nove	Neun
Otto	Acht
Quattordici	Vierzehn
Quattro	Vier
Quindici	Fünfzehn
Sedici	Sechzehn
Sei	Sechs
Sette	Sieben
Tre	Drei
Tredici	Dreizehn
Venti	Zwanzig
Zero	Null

Nutrizione
Ernährung

Amaro	Bitter
Appetito	Appetit
Bilanciato	Ausgewogen
Calorie	Kalorien
Carboidrati	Kohlenhydrate
Commestibile	Essbar
Dieta	Diät
Digestione	Verdauung
Fermentazione	Fermentation
Liquidi	Flüssigkeiten
Nutriente	Nährstoff
Peso	Gewicht
Proteine	Proteine
Qualità	Qualität
Salsa	Sosse
Salute	Gesundheit
Sano	Gesund
Spezie	Gewürze
Tossina	Toxin
Vitamina	Vitamin

Oceano
Ozean

Anguilla	Aal
Balena	Wal
Barca	Boot
Corallo	Koralle
Delfino	Delfin
Gamberetto	Garnele
Granchio	Krabbe
Maree	Gezeiten
Medusa	Qualle
Onde	Wellen
Ostrica	Auster
Pesce	Fisch
Polpo	Krake
Sale	Salz
Scogliera	Riff
Spugna	Schwamm
Squalo	Hai
Tartaruga	Schildkröte
Tempesta	Sturm
Tonno	Thunfisch

Paesaggi
Landschaften

Cascata	Wasserfall
Collina	Hügel
Deserto	Wüste
Fiume	Fluss
Geyser	Geysir
Ghiacciaio	Gletscher
Grotta	Höhle
Iceberg	Eisberg
Isola	Insel
Lago	See
Mare	Meer
Montagna	Berg
Oasi	Oase
Oceano	Ozean
Palude	Sumpf
Penisola	Halbinsel
Spiaggia	Strand
Tundra	Tundra
Valle	Tal
Vulcano	Vulkan

Paesi #1
Länder #1

Brasile	Brasilien
Cambogia	Kambodscha
Canada	Kanada
Egitto	Ägypten
Finlandia	Finnland
Germania	Deutschland
India	Indien
Iraq	Irak
Israele	Israel
Libia	Libyen
Mali	Mali
Marocco	Marokko
Norvegia	Norwegen
Panama	Panama
Polonia	Polen
Romania	Rumänien
Senegal	Senegal
Spagna	Spanien
Venezuela	Venezuela
Vietnam	Vietnam

Paesi #2
Länder #2

Albania	Albanien
Danimarca	Dänemark
Etiopia	Äthiopien
Giamaica	Jamaika
Giappone	Japan
Grecia	Griechenland
Haiti	Haiti
Indonesia	Indonesien
Irlanda	Irland
Laos	Laos
Liberia	Liberia
Messico	Mexiko
Nepal	Nepal
Nigeria	Nigeria
Pakistan	Pakistan
Russia	Russland
Siria	Syrien
Sudan	Sudan
Ucraina	Ukraine
Uganda	Uganda

Pesca
Angeln

Acqua	Wasser
Attrezzatura	Ausrüstung
Barca	Boot
Branchie	Kiemen
Cesto	Korb
Cucinare	Kochen
Esagerazione	Übertreibung
Esca	Köder
Filo	Draht
Fiume	Fluss
Gancio	Haken
Lago	See
Mascella	Kiefer
Oceano	Ozean
Pazienza	Geduld
Peso	Gewicht
Pinne	Flossen
Spiaggia	Strand
Stagione	Jahreszeit

Piante
Pflanzen

Albero	Baum
Bacca	Beere
Bambù	Bambus
Botanica	Botanik
Cactus	Kaktus
Cespuglio	Busch
Crescere	Wachsen
Edera	Efeu
Erba	Gras
Fagiolo	Bohne
Fertilizzante	Dünger
Fiore	Blume
Flora	Flora
Fogliame	Laub
Foresta	Wald
Giardino	Garten
Muschio	Moos
Petalo	Blütenblatt
Radice	Wurzel
Vegetazione	Vegetation

Professioni #1
Berufe #1

Allenatore	Trainer
Ambasciatore	Botschafter
Artista	Künstler
Astronomo	Astronom
Avvocato	Rechtsanwalt
Ballerino	Tänzer
Banchiere	Bankier
Cacciatore	Jäger
Cartografo	Kartograph
Editore	Editor
Farmacista	Apotheker
Geologo	Geologe
Gioielliere	Juwelier
Idraulico	Klempner
Marinaio	Seemann
Medico	Arzt
Musicista	Musiker
Pianista	Pianist
Psicologo	Psychologe
Veterinario	Tierarzt

Professioni #2
Berufe #2

Astronauta	Astronaut
Bibliotecario	Bibliothekar
Biologo	Biologe
Chirurgo	Chirurg
Dentista	Zahnarzt
Filosofo	Philosoph
Fotografo	Fotograf
Giardiniere	Gärtner
Giornalista	Journalist
Illustratore	Illustrator
Ingegnere	Ingenieur
Insegnante	Lehrer
Inventore	Erfinder
Investigatore	Ermittler
Linguista	Linguist
Medico	Arzt
Pilota	Pilot
Pittore	Maler
Ricercatore	Forscher
Zoologo	Zoologe

Riscaldamento Globale

Globale Erwärmung

Ambientale	Umwelt
Artico	Arktis
Clima	Klima
Crisi	Krise
Dati	Daten
Energia	Energie
Futuro	Zukunft
Gas	Gas
Generazioni	Generationen
Governo	Regierung
Habitat	Lebensraum
Industria	Industrie
Internazionale	International
Legislazione	Gesetzgebung
Ora	Jetzt
Popolazioni	Bevölkerung
Ridurre	Reduzieren
Sviluppo	Entwicklung
Temperature	Temperaturen

Ristorante #2

Restaurant #2

Acqua	Wasser
Aperitivo	Vorspeise
Bevanda	Getränk
Cameriere	Kellner
Cena	Abendessen
Cucchiaio	Löffel
Delizioso	Köstlich
Forchetta	Gabel
Frutta	Frucht
Ghiaccio	Eis
Insalata	Salat
Minestra	Suppe
Pesce	Fisch
Pranzo	Mittagessen
Sale	Salz
Sedia	Stuhl
Spezie	Gewürze
Torta	Kuchen
Uova	Eier
Verdure	Gemüse

Salute e Benessere #1

Gesundheit und Wellness #1

Abitudine	Gewohnheit
Altezza	Höhe
Attivo	Aktiv
Batteri	Bakterien
Clinica	Klinik
Fame	Hunger
Farmacia	Apotheke
Frattura	Fraktur
Medicina	Medizin
Medico	Arzt
Muscoli	Muskel
Nervi	Nerven
Ormoni	Hormone
Pelle	Haut
Postura	Haltung
Riflesso	Reflex
Rilassamento	Entspannung
Terapia	Therapie
Trattamento	Behandlung
Virus	Virus

Salute e Benessere #2

Gesundheit und Wellness #2

Allergia	Allergie
Anatomia	Anatomie
Appetito	Appetit
Caloria	Kalorie
Corpo	Körper
Dieta	Diät
Digestione	Verdauung
Disidratazione	Austrocknung
Energia	Energie
Genetica	Genetik
Igiene	Hygiene
Infezione	Infektion
Malattia	Krankheit
Massaggio	Massage
Nutrizione	Ernährung
Ospedale	Krankenhaus
Peso	Gewicht
Sangue	Blut
Sano	Gesund
Vitamina	Vitamin

Scacchi

Schach

Avversario	Gegner
Bianco	Weiss
Campione	Champion
Concorso	Wettbewerb
Diagonale	Diagonal
Giocatore	Spieler
Gioco	Spiel
Intelligente	Klug
Nero	Schwarz
Passivo	Passiv
Per Imparare	Lernen
Punti	Punkte
Re	König
Regina	Königin
Regole	Regeln
Sacrificio	Opfer
Strategia	Strategie
Tempo	Zeit
Torneo	Turnier

Spezie

Gewürze

Aglio	Knoblauch
Amaro	Bitter
Anice	Anis
Cannella	Zimt
Cardamomo	Kardamom
Cipolla	Zwiebel
Coriandolo	Koriander
Cumino	Kreuzkümmel
Curcuma	Kurkuma
Curry	Curry
Dolce	Süss
Finocchio	Fenchel
Liquirizia	Lakritze
Noce Moscata	Muskatnuss
Paprika	Paprika
Pepe	Pfeffer
Sale	Salz
Vaniglia	Vanille
Zafferano	Safran
Zenzero	Ingwer

Sport

Sport

Allenatore	Trainer
Atleta	Athlet
Capacità	Fähigkeit
Ciclismo	Radfahren
Corpo	Körper
Danza	Tanzen
Dieta	Diät
Forza	Stärke
Jogging	Joggen
Massimizzare	Maximieren
Metabolico	Metabolisch
Muscoli	Muskel
Nuotare	Schwimmen
Nutrizione	Ernährung
Obiettivo	Ziel
Ossa	Knochen
Programma	Programm
Resistenza	Ausdauer
Salute	Gesundheit
Sportivo	Sport

Strumenti Musicali

Musikinstrumente

Armonica	Mundharmonika
Arpa	Harfe
Banjo	Banjo
Chitarra	Gitarre
Clarinetto	Klarinette
Fagotto	Fagott
Flauto	Flöte
Gong	Gong
Mandolino	Mandoline
Marimba	Marimba
Oboe	Oboe
Percussione	Schlagzeug
Pianoforte	Klavier
Sassofono	Saxophon
Tamburello	Tamburin
Tamburo	Trommel
Tromba	Trompete
Trombone	Posaune
Violino	Geige
Violoncello	Cello

Tempo

Zeit

Anno	Jahr
Annuale	Jährlich
Calendario	Kalender
Decennio	Jahrzehnt
Dopo	Nach
Futuro	Zukunft
Giorno	Tag
Ieri	Gestern
Mattina	Morgen
Mese	Monat
Mezzogiorno	Mittag
Minuto	Minute
Notte	Nacht
Oggi	Heute
Ora	Stunde
Orologio	Uhr
Presto	Bald
Prima	Vor
Secolo	Jahrhundert
Settimana	Woche

Tipi di Capelli

Haartypen

Argento	Silber
Asciutto	Trocken
Bianco	Weiss
Biondo	Blond
Breve	Kurz
Calvo	Kahl
Colorato	Farbig
Grigio	Grau
Intrecciato	Geflochten
Liscio	Glatt
Lungo	Lang
Marrone	Braun
Morbido	Weich
Nero	Schwarz
Riccio	Lockig
Riccioli	Locken
Sano	Gesund
Sottile	Dünn
Spessore	Dick
Trecce	Zöpfe

Uccelli

Vögel

Airone	Reiher
Anatra	Ente
Aquila	Adler
Cicogna	Storch
Cigno	Schwan
Cuculo	Kuckuck
Falco	Falke
Fenicottero	Flamingo
Gabbiano	Möwe
Oca	Gans
Pappagallo	Papagei
Passero	Spatz
Pavone	Pfau
Pellicano	Pelikan
Piccione	Taube
Pinguino	Pinguin
Pollo	Huhn
Struzzo	Strauss
Tucano	Toucan
Uovo	Ei

Universo

Universum

Asteroide	Asteroid
Astronomia	Astronomie
Astronomo	Astronom
Atmosfera	Atmosphäre
Buio	Dunkelheit
Celeste	Himmlisch
Cielo	Himmel
Cosmico	Kosmisch
Emisfero	Hemisphäre
Galassia	Galaxie
Latitudine	Breite
Longitudine	Längengrad
Luna	Mond
Orbita	Orbit
Orizzonte	Horizont
Solare	Solar
Solstizio	Sonnenwende
Telescopio	Teleskop
Visibile	Sichtbar
Zodiaco	Tierkreis

Vacanze #2
Urlaub #2

Aeroporto	Flughafen
Campeggio	Camping
Destinazione	Ziel
Foto	Fotos
Hotel	Hotel
Isola	Insel
Mappa	Karte
Mare	Meer
Passaporto	Pass
Ristorante	Restaurant
Spiaggia	Strand
Straniero	Ausländer
Taxi	Taxi
Tempo Libero	Freizeit
Tenda	Zelt
Trasporto	Transport
Treno	Zug
Vacanza	Urlaub
Viaggio	Reise
Visto	Visum

Veicoli
Fahrzeuge

Aereo	Flugzeug
Ambulanza	Krankenwagen
Auto	Auto
Autobus	Bus
Barca	Boot
Bicicletta	Fahrrad
Camion	Lkw
Caravan	Wohnwagen
Elicottero	Hubschrauber
Metropolitana	U-Bahn
Motore	Motor
Pneumatici	Reifen
Razzo	Rakete
Scooter	Roller
Sottomarino	U-Boot
Taxi	Taxi
Traghetto	Fähre
Trattore	Traktor
Treno	Zug
Zattera	Floss

Verdure
Gemüse

Aglio	Knoblauch
Broccolo	Brokkoli
Carciofo	Artischocke
Carota	Karotte
Cetriolo	Gurke
Cipolla	Zwiebel
Fungo	Pilz
Insalata	Salat
Melanzana	Aubergine
Patata	Kartoffel
Pisello	Erbse
Pomodoro	Tomate
Prezzemolo	Petersilie
Rapa	Rübe
Ravanello	Rettich
Scalogno	Schalotte
Sedano	Sellerie
Spinaci	Spinat
Zenzero	Ingwer
Zucca	Kürbis

Vestiti
Kleidung

Abito	Kleid
Braccialetto	Armband
Camicetta	Bluse
Camicia	Hemd
Cappello	Hut
Cappotto	Mantel
Cintura	Gürtel
Collana	Halskette
Giacca	Jacke
Gonna	Rock
Grembiule	Schürze
Guanti	Handschuhe
Jeans	Jeans
Maglione	Pullover
Moda	Mode
Pantaloni	Hose
Pigiama	Schlafanzug
Sandali	Sandalen
Scarpa	Schuh
Sciarpa	Schal

Congratulazioni

Ce l'hai fatta!

Speriamo che questo libro vi sia piaciuto tanto quanto a noi è piaciuto concepirlo. Ci sforziamo di creare libri della più alta qualità possibile.
Questa edizione è progettata per fornire un apprendimento intelligente, di qualità e divertente!

Le è piaciuto questo libro?

Una Semplice Richiesta

Questi libri esistono grazie alle recensioni che pubblicate.

Puoi aiutarci lasciando una recensione ora a questo link ?

BestBooksActivity.com/Recensioni50

SFIDA FINALE!

Sfida n°1

Sei pronto per il tuo gioco gratuito? Li usiamo sempre, ma non sono così facili da trovare - ecco i Sinonimi!
Scrivi 5 parole che hai trovato nei puzzle (n° 21, n° 36, n° 76) e prova a trovare 2 sinonimi per ogni parola.

Scrivi 5 parole del ***Puzzle 21***

Parole	Sinonimo 1	Sinonimo 2

Scrivi 5 parole del ***Puzzle 36***

Parole	Sinonimo 1	Sinonimo 2

Scrivi 5 parole del ***Puzzle 76***

Parole	Sinonimo 1	Sinonimo 2

Sfida n°2

Ora che ti sei riscaldato, scrivi 5 parole che hai trovato nei puzzle n° 9, n° 17 e n° 25 e cerca di trovare 2 contrari per ogni parola. Quanti ne puoi trovare in 20 minuti?

Scrivi 5 parole del ***Puzzle 9***

Parole	Antonimo 1	Antonimo 2

Scrivi 5 parole del ***Puzzle 17***

Parole	Antonimo 1	Antonimo 2

Scrivi 5 parole del ***Puzzle 25***

Parole	Antonimo 1	Antonimo 2

Sfida n°3

Grande! Questa sfida  non è niente per te!

Pronto per la sfida finale? Scegli 10 parole che hai scoperto nei diversi puzzle e scrivile qui sotto.

1.	6.
2.	7.
3.	8.
4.	9.
5.	10.

Ora scrivi un testo pensando a una persona, un animale o un luogo che ti piace.

Puoi usare l'ultima pagina di questo libro come bozza.

La tua composizione:

TACCUINO:

A PRESTO!

Tutta la Squadra

www.ingramcontent.com/pod-product-compliance
Lightning Source LLC
Chambersburg PA
CBHW082050120626
46553CB00011B/3347
* 9 7 9 8 8 9 6 7 0 7 3 2 5 *